왕의 사역

하나님이 행하신 위대한 일들 왕의 사역

· 초판 1쇄 발행 2009년 4월 20일

· 지은이 박 민 희
· 펴낸이 민 상 기 · 편집장 이 숙 희 · 펴낸곳 도서출판 드림북
· 등록번호 제65 호 · 등록일자 2002. 11. 25.
· 경기도 의정부시 가능1동 639-2(1층) · Tel (031)829-7722, Fax(031)829-7723

· 책번호 37 · ISBN 978-89-92143-27- 03230
· 잘못된 책은 교환해 드립니다.

· 독자의 의견을 기다립니다.
· www.dreambook21.co.kr

도서출판 드림북은 오직 하나님께 드리는 책,
또한 세상의 모든 그리스도인들에게 꿈을 줄 수 있는 책
그러한 책세상을 꿈꾸며 만들어 가겠습니다.

하나님이 행하신 위대한 일들

왕의 사역

박 민 희 지음

드림북

차 례

서 문

오늘날 우리는 이전보다 더 많은 일들과 낯선 일들이 일어나고 있는 세상에서 살고 있다. 그런 일들 가운데에는 우리가 이해하기 힘든 일들도 적지 않다. 창조세계에 일어나는 재해로 수많은 사람들이 생명을 잃는 것은 그 중 한 예이다. 그런 일을 당하는 사람들 중에는 하나님을 섬기는 사람들도 있고 하나님을 섬기지 않는 사람들도 있다.

특히, 이 세상에서 일어나고 있는 일들은 우리로 하여금 하나님의 존재와 역사적 활동에 대한 물음을 제기하게 한다. 그래서 사람들은 종종 "진정 하나님이 존재하신다면 그리고 자신이 지은 창조세계를 다스리는 분이라면, 어떻게 우리에게 이런 일이 일어날 수 있는가?"라고 묻곤 한다.

그런 일들이 일어날 때면, 나 자신도 스스로에게 이렇게 묻곤 한다. "예수 그리스도 안에서 하나님을 믿고 섬기는 한 사람의 그리스도인으로서 그리고 살아 계신 하나님에 관해 설교하고 가르치는 목회자의 한 사람으로, 나는 이런 일을 어떻게 이해하고 어떻게 받아들여야하는가? 어떻게 설명해야 하는가? 하나님은 이 세상을 돌보시는 분이라는 성서의 가르침과 이런 일들 사이에는 어떤 관계가 있는가? 이 세상에서 일어나는 불행한 일들과 관련하여 하나님이 역사를 주관하신다는 것은 무엇을 의미하는가?"

이런 물음들을 제기하는 동안, 나는 하나님이 인간의 역사 가운데 행하신 일들을 살펴볼 필요를 느꼈다. 하나님의 계심과 역사적 활동을 확인 받고 싶어서였다. 그래서 "구체적으로 하나님이 이 세상 가운데 행하신 일들은 무엇인가?" 라고 물었다. 그런 다음, 하나님은 존재하시는 분일 뿐만 아니라 자신이 지으신 세상을 돌보시며, 인간의 역사 가운데서 활동하시는 분이라는 사실을 성서를 바탕으로 다시금 확인하게 되었다.

성서가 하나님을 묘사하는 이미지 중 두드러진 것은, 하나님은 역사 가운데 활동하시는 분이라는 것이다. 그리고 그 활동의 바탕은, 하나님은 통치하시는 분 또는 다스리시는 분이라는 것이다. 특히, 통치자 또는 다스리는 자를 가장 잘 함축하는 말은 "왕" 이라는 말이다. 그래서 성서는 하나님이 다스리는 세계를 "하나님의 나라" (the kingdom of God)라고 부른다. 하워드 스나이더(Howard Snyder)는 이렇게 말한다. "성서는 하나님의 나라로 가득 차 있다. 물론, 이것은 왕으로서의 하나님의 통치(God' s kingly rule)에 대해 직접적으로 이야기하는 구절들에서 매우 분명하다. 그러나 만일 우리가 폭이 더 넓은 렌즈를 통하여 성서를 보면, 하나님 나라의 놀라운 일들을 보게 된다. 우리가 성서 전체를, 하나님이 지으신 모든 것-여자와 남자 그리고 그들의 환경 전체-을 자신의 주권에 의한 통치하에서 자신의 목적들을 성취하면서, 타락한 창조세계를 회복할 하나님의 '섭리' 또는 계획의 역사로 볼 때 우리는 하나님의 나라에 대해 더 많이 알게 된다."

하나님의 나라는 하나님이 왕으로서 다스리시는 나라를 뜻한다. 하나님은 "만왕의 왕이시며 만주의 주"이시고(딤전 6:15), "나라"(kingdom)는 말 그대로 왕(king)의 통치 영역이나 세력 범위 또는 영지(dom)인 것이다. 이런 점에서, 비록 샐리 맥페이그(Sallie McFague)나 제임스 파울러(James Fowler)와 같은 학자들이 왕이란 말은 전근대적인 개념이기 때문에 포스트모던 시대인 오늘날에는 적합하지 않으므로 버려야 한다고 주장할지라도, 그 용어는 성서적 용어이며 하나님의 정체성과 관련되어 있기 때문에 오늘날에도 여전히 그리고 어느 시대를 막론하고 하나님을 왕으로 이해하는 것은 바람직하다고 할 수 있다. 하나님은 이스라엘 백성이 자신들을 다스릴 왕을 요구했을 때 자신의 선지자 사무엘을 통해 이렇게 말씀하셨다. "백성이 네게 한 말을 다 들으라 이는 그들이 너를 버림이 아니요 나를 버려 자기들의 왕(king)이 되지 못하게 함이니라." 하나님은 여기에서 분명하게 자신을 "왕"이라고 칭하신다. 왜냐하면 하나님 자신이 참된 왕이시기 때문이다.

따라서 하나님이 이 세상 가운데서 행하셨고 또 행하시는 모든 일은 기본적으로 그리고 궁극적으로 자신의 왕국인 하나님의 나라를 세우는 일이며(세상 만물이 창조주인 그분께 속하기 때문에), 왕으로서의 하나님의 사역이 된다. 즉 왕의 사역인 것이다. 그러므로 교회의 모든 삶과 사역은 본질적으로 왕의 사역과 관계가 있으며 왕의 사역을 섬긴다.

다른 한편으로, 하나님은 만왕의 왕이시기 때문에 그분의 아들 예수 그리스도도 만왕의 왕이시다. 왜냐하면 그분은 하나님이시기 때문이다. 그래서 요한계시록 17장 14절은 이렇게 증언하고 있다. "저희가 어린 양으로 더불어 싸우려니와 어린 양은 만주의 주시요 만왕의 왕이시므로 저희를 이기실터이요 또 그와 함께 있는 자들 곧 부르심을 입고 빼내심을 얻고 진실한 자들은 이기리로다." 그러므로 결국 예수님은 하나님으로서 자신이 지으신 세상을 다스리게 될 것이며, 성도들도 예수님으로부터 "만국을 다스리는 권세를"(계 2:26) 받아 그분과 더불어 왕노릇하게 될 것이다(계 20:6).

이 책은 왕의 사역의 관점에서 창조와 구원의 주이신 하나님이 인간의 역사 가운데 행하신 크고 위대하신 일들을 탐구한다. 우리는 이 탐구를 통해 하나님은 영원히 계시는 왕으로서 역사 가운데 활동하시면서 자신의 피조물을 다스리시는 분이며 우리도 그분의 다스림 안에 있음을 확인 받게 될 것이다.

목회 일정으로 바쁜 중에도 이 원고를 읽고 좋은 조언을 해준 엘에이 한사랑 교회 박명룡 목사님과 밴쿠버 예닮교회 이근택 목사님에게 진심으로 감사한다. 두 목사님의 조언은 이 책이 더 나은 책이 되는데 큰 도움이 되었다.

부족한 글인데도, 흔쾌히 출판을 맡아준 도서출판 드림북의 민상기 사장님과 편집진에게 진심 어린 감사를 드린다.

2009년 1월 1일

서론—
역사는 하나님의 이야기이다

인간은 역사적 존재다. 그래서 인간은 역사를 떠나서는 존재할 수 없다. 그리고 인간은 역사적 존재이기 때문에, 인간의 삶은 기나긴 역사 속의 한 부분을 살다가 역사 속에 묻힌다. 역사 안에서 역사와 더불어 살다가 역사 속으로 사라져 가는 것이다. 그래서 우리의 삶은 특정한 역사의 범위 내에 위치하며 일정한 기간을 살다가 역사의 뒤안길로 사라져 간다.

사전적인 의미로, 역사는 크게 두 가지로 정의된다. 하나는 "지난 날, 오랜 세월에 걸쳐 세계나 국가, 민족 등이 겪어 온 정치적, 사회적, 문화적 변천의 과정이나 중요한 사실, 사건의 자취"를 의미한다. 다른 하나는 "사물이 과거로부터 변천하고 발전해 온 과정이나 자취"를 의미한다. 그리고 이 두 정의를 한마디로 말하면, 인간의 역사는 "모든 피조물의 존재와 활동의 나이요 이야기"라고 할 수 있다.

하나님과 역사

인간이 역사적 존재인 것은 창조와 역사의 하나님이 인간을 역사 안에서 살도록 만드셨기 때문이다. 그리고 하나님이 역사적 존재로 불리는 것은, 하나님은 역사를 만드시고 그 안에서 활동하시기 때문이다(이런 점에서, 하나님은 역사를 초월하시는 분이지만, 동시에 역사 안에서 활동하시는 역사적 존재이시다). 그래서 다른 모든 피조물의 기원이 하나님께 있듯이, 역사의 기원도 하나님께 있다. 이것은, 하나님은 자신이 지으신 모든 만물을 주관하시듯이, 역사도 주관하신다는 것을 의미한다. 하나님이 역사의 주체라는 것이다. 따라서 사람들이 흔히 말하듯이, 역사(history)는 그분의 이야기(His story)라는 말은 매우 타당하며 옳다.

이런 점에서, 인간의 역사는 하나님 자신이 자신의 이야기를 써 가시는 자서전이라고 말할 수 있다. 하나님은 자신의 활동의 무대인 역사에 하나님 나라의 이야기를, 자신의 구원의 이야기를 써 가시는 것이다. 그리고 인간의 삶은 하나님의 역사적 활동과 하나님의 자서전 안에 위치한다. 이것이 성서적, 기독교적 관점에서 보는 역사 이해요, 인간의 삶에 대한 이해다. 그러므로 하나님에 대한 이해와 역사에 대한 이해는 서로 나뉠 수 없다.

존 웨스터호프(John Westerhoff)는 "기독교인이 믿는 하나님은 언제나 역사 안에서 행동하시는 하나님이셨다. 하나님은 자신의 법을 이 역사와 지역 사회에 주심으로 모든 인간의 삶을 변화시키기 위해 그리스도 안에서 행하셨다"라고 말한다. 같은 맥락에서, 아더 홈즈(Arthur F. Holmes)는 이렇게 말한다.

> 역사의 하나님은 끊임없이 행동하시고 목적을 가지고 움직이시며 우리와 항상 함께 하시는 살아 계신 하나님이신 창조의 하나님이시다. 역사의 로고스는 모든 일을 자신의 선하신 목적을 위해 주관하시는 창조의 로고스이시다. 또한 성서의 역사는 주로 인간의 자유의 역사가 아니라 사회적, 국가적 함의를 지닌 하나님의 행위의 역사이다. 하나님은 이스라엘의 역사를 주관하셨으며, 구체적인 역사적 상황 속에 스스로를 화육(incarnation)하시고 자신의 일을 계속하기 위해 교회를 세우셨다. 하나님과 피조물의 이런 관계는 역사의 전반적인 장이 되며 그 맥락이 된다. 그러므로 역사는 고대 희랍인들이 보았던 것처럼 순환적인 것도, 그렇다고 전적으로 내재적인 원인을 지닌 자기 나름의 과정을 가진 자연주의적인 것도 아니다. 전 역사의 주도적인 행위자(the leading actor)는 하나님이시다. 그러므로 그분을 돕는 조역들은 바뀌어도 역사의 드라마는 계속된다. 그리고 이는 궁극에 실현될 희망을 시사한다. 따라서 시편 기자들은 하나님의 전능하신 행위를 찬양하고, 선지자들은 하나님의 목적의 관점에서 역사의 변혁을 보는 것이다. 그들에게 있어서 역사는 사람이나 국가의 주권이 아니라 하나님의 주권을 확인하는 것이다.

이처럼, 인간의 역사는 하나님과 나뉠 수 없다. 하나님은 인간의 역사를 이끌어 가시는 역사의 주이시기 때문이다. 하나님 자신이 역사를 자신의 섭리에 따라 자신의 목적에 맞게 써 가시는 것이다.

성서는 이러한 하나님의 역사적 활동에 대한 기록이다. 버나드 앤더슨(Bernhard W. Anderson)은 이렇게 말한다.

> 성서는 암호(secret code)로 쓰여진 것이 아니라, 하나님이 우리의 개인적인 삶과 우리의 역사에 극적으로 관여하신 것을 드러내는 살아 있는 인간의 언어로 쓰여졌다…성서는 신적 구술이 아니라 신적 드라마로, 그 언어는 인간의 삶의 의미를 우리 가운데 거하시기 위해 자기를 낮추신 하나님과 관련하여 우리 인간의 언어로 그리고 우리 인간의 역사 안에서 시적으로 드러낸다.

이와 같이, 성서에는 하나님이 인간의 역사 안에서 행하신 위대한 일들이 가득 차 있다. 그러므로 우리는 성서를 읽음으로 하나님이 역사 안에서 행하셨고 지금도 행하시며 앞으로도 행하실 일들을 보고 알게 된다.

역사의 중심으로서의 예수 그리스도

왕이신 하나님의 자서전으로서의 역사의 중심에는 그분의 아들 예수 그리스도가 있다. 예수 그리스도를 중심으로 하나님의 언약은 구약과 신약으로 나뉘며, 인간의 역사는 기원 전과 기원 후로 나뉜다.

구약과 신약을 구분 짓고 기원 전과 기원 후를 구분 짓는 역사적 선을 그으신 분은 바로 역사의 주이신 하나님 자신이다. 그것은 하나님 자신의 역사적 활동의 결과이다. 인간의 역사의 구분점인 예수 그리스도가 이 땅에 오신 것은 전적으로 아버지 하나님의 역사 속의 구원 계획에 따른 것이다. 인간의 역사를 향한 하나님의 계획은 죄로 말미암아 영적으로 죽은 인간을 구원하시고, 인간의 타락과 더불어 함께 고통을 당하고 있는 모든 피조물을 구속하시는 것이다.

하나님은 인간이 타락한 후에 자신의 구원 계획을 성서에 분명하게 밝히셨다(창 3:15). 그런 점에서, 예수 그리스도가 이 땅에 오시기 전에 인간의 역사의 지향점은 메시아 예수 그리스도의 오심이었다. 역사의 흐름의 초점은 예수 그리스도께 맞춰져 있었다. 그것은 구약 성서의 여러 곳에 아주 분명하게 나타나있다.

그리고 하나님의 때가 되었을 때, 즉 하나님이 정하시고 계획하신 때가 찼을 때, 역사의 중심이신 메시아 예수 그리스도가 이 땅에 오셨다. 사도 바울은 이것을 다음과 같이 묘사했다. "때가 차매 하나님이 그 아들을 보내사 여자에게서 나게 하시고 율법 아래에 나게 하신 것은 율법 아래에 있는 자들을 속량하시고 우리로 아들의 명분을 얻게 하려 하심이라" (갈 4:4-5).

때문에 역사의 중심이신 예수 그리스도가 이 땅에 오신 후의 역사의 지향점은 예수 그리스도의 다시 오심, 즉 재림이며 그로 인한 하나님 나라의 완성이다. 이처럼, 역사의 중심에는 하나님의 아들 예수 그리스도가 있다.

역사의 방향과 지향점

인간의 역사는 어디로 흘러가는 것일까? 물레방아처럼 끊임없이 돌고 도는 것일까? 아니면 어느 순간 끝이 나는 때가 있어서 모든 인간과 존재하는 모든 것이 소멸하게 될까? 이와 같이, 사람들은 역사가 어디로 흘러가는지를 알고 싶어하고 궁금해한다. 자신들의 앞날이 어떻게 진행될지를 정확히 알지 못하기 때문이다.

실제로, 세상 사람들은 역사의 방향과 지향점을 정확히 알지 못한다. 다만 아마도 이러이러할 것이며 저러저러할 것이라고 추측할 뿐이다. 그러니까 그들은 미래가 어떻게 될지 알지 못한 채 미래를 향해 살아가고 있는 것이다. 때문에 불안한 마음을 지니고 살아가게 된다. 물론, 그들은 개인적으로는 언젠가 자신들이 죽어 이 세상을 떠나게 된다는 것, 개인의 역사로서의 자신들의 삶은 끝이 난다는 것을 알고 있다. 그러나 그 이상을 알지는 못한다.

하지만 그리스도인들은 비록 역사의 미래에 대해 상세히 모든 것을 알지는 못한다 할지라도 전체적인 흐름과 궁극적인 모습에 대해서는 알고 있다. 인간의 역사가 흘러가는 방향과 최후의 모습이 어떠할지를 하나님의 말씀을 토대로 아는 것이다. 그래서 그리스도인들에게 있어서 역사의 미래는 불안과 두려움의 대상이 아니라 하나님 안에 있는 희망이다.

그러면 성서는 인간의 역사의 미래를 어떻게 설명하는가? 인간의 역사의 미래는 하나님 나라의 완성이라고 성서는 말한다. 인간의 삶이 계절의 변화를 겪다보면 죽음을 만나게 되는 것처럼, 인간의 역사는 계속해서 진행해 가다보면 언젠가(하나님의 때가 찰 때) 예수 그리스도의 재림과 하나님의 나라를 만나게 된다고 증언한다. 이것이 자신의 자서전으로서의 인간의 역사에서 하나님이 행하실 궁극적인 일이다. 예수님이 말씀하신 것처럼, 하나님 아버지는 "이제까지 일"을 하시되(요 5:17), 바로 그것을 위해 일하고 계신다.

그러므로 우리 그리스도인들은 하나님이 행하실 그 마지막 위대한 일을 바라고 기대하면서 그리고 역사 속에서 행하시는 하나님의 일에 참여하면서 날마다 그 날을 향해 살아가야 한다. 그것이 우리를 향한 하나님의 뜻이요 성도가 마땅히 추구해야 할 삶의 모습이다.

> 너희가 갇힌 자를 동정하고 너희 소유를 빼앗기는 것도 기쁘게 당한 것은 더 낫고 영구한 소유가 있는 줄 앎이라 그러므로 너희 담대함을 버리지 말라 이것이 큰 상을 얻느니라 너희에게 인내가 필요함은 너희가 하나님의 뜻을 행한 후에 약속하신 것을 받기 위함이라 잠시 잠깐 후면 오실 이가 오시리니 지체하지 아니하시리라 나의 의인은 믿음으로 말미암아 살리라 또한 뒤로 물러가면 내 마음이 저를 기뻐하시 아니하리라 하셨느니라 우리는 뒤로 물러가 멸망할 자가 아니요 오직 영혼을 구원함에 이르는 믿음을 가진 자니라.(히 10:34-39)

1장

우리를 낳으신 하나님: 하나님은 만물의 기원이시다

존재하는 모든 것의 왕이요 역사의 주이신 하나님이 인간의 역사에서 행하신 가장 위대한 일들 가운데 하나는 창조다. 창조는 하나님의 역사적 행위의 출발점이자 인간 역사의 출발점이며 성서 이야기의 출발점이기도 하다.

그런 이유로, 오늘날 많은 사람들이 진화론적, 무신론적 사상에 근거하여 자신들을 "진화된 존재들"로 이해하는 것과는 달리, 우리 그리스도인들은 우리 자신을 "창조된 존재들"로 믿고 이해한다. 우리는 인간이 우연히 존재하게 된 것이 아니라 하나님이 지으셨기 때문에 존재하게 되었다고 믿는 것이다. 그래서 우리 그리스도인들은 "전능하사 천지를 만드신 하나님 아버지를 내가 믿사오며"("나는 전능하신 아버지 하나님, 천지의 창조주를 믿습니다"-새 번역)라고 공동으로 우리의 신앙을 고백한다. 물론, 이러한 우리의 고백은 성서의 가르침에 근거한다.

하나님의 출산-하나님이 만물을 낳으시다

하나님은 자신의 영을 통해 시인에게 이렇게 말씀하셨다. "너는 내 아들이라 오늘 내가 너를 낳았도다"(시 2:7). 하나님은 여기서 자신을 "낳는 분"으로 묘사한다. 낳는다는 것은 어떤 것에 기원을 주는 것이다. 우리가 이 땅에 존재하고 또 살아가는 것은 우리의 부모님이 우리를 낳으셨기 때문이다. 마찬가지로 하나님이 시인을 낳으셨다고 하는 것은 하나님이 그에게 기원을 주셨다고 하는 것이다. 그를 태어나게 하셨고 또 살아가게 하셨다는 것이다. 그래서 그 말씀은 그의 기원이 하나님께 있음을 말하는 것이다.

그러면 하나님은 그를 어떻게 낳으셨는가? 이 물음에 대한 정확한 답을 얻으려면, 우리는 성서의 이야기가 시작되는 창세기의 창조 이야기로 돌아갈 필요가 있다.

창세기 1-2장은 인간을 포함한 만물의 기원에 대해 설명하며, 그 기원은 다음과 같은 진술과 함께 시작된다. "태초에 하나님이 천지를 창조하시니라"(창 1:1). 그런 다음, 만물의 창조에 대한 세세한 설명이 뒤따른다. 그 형식은 "하나님이 이르시되 있으라 하시니 있었다"이다. "있으라"라고 하시는 하나님의 말씀에 따라 빛과 어둠, 물과 궁창과 땅, 풀과 씨 맺는 채소, 하늘의 광명체들, 그리고 생물들이 존재하게 되었다. 그 모든 것은 하나님의 말씀의 결과로 생긴 것이다(창 1:3-25).

하지만 하나님은 인간만큼은 말씀으로 창조하지 않으셨다. 대신에 "땅의 흙"으로 빚어 지으신 다음, 그 안에 생기를 불어넣어 살아 있는 존재가 되게 하셨다. "여호와 하나님이 땅의 흙으로 사람을 지으시고 생기를 그 코에 불어넣으시니 사람이 생령이 되니라"(창 2:7). 그래서 인간은 하나님이 손수 빚어 만드신 작품이다. 하나님의 수제품인 것이다. 이것은 하나님이 만물을 만드셨다면 우리도 만드신 것이며, 하나님이 손수 빚어 인간을 만드셨다면 우리도 손수 빚어 만드신 것을 뜻한다.

이처럼, 만물의 기원은 하나님께 있다. 앤더슨은 이와 관련하여 다음과 같이 말한다. "성서는 인간 존재에 관한 물음(이른바 실존적 물음)인 인간의 삶의 기원, 의미 그리고 운명(destiny)은 무엇인가 라는 물음을 묻고 답한다…하나님은 존재하는 모든 것의 창조자(the Author), 유지자(the Sustainer) 그리고 완성자(Finisher)이시다." 그래서 인간을 포함하여 모든 것은 하나님께 속하며 하나님의 소유다. 이런 맥락에서, 시인은 다음과 같이 노래했다. "땅과 거기에 충만한 것과 세계와 그 가운데에 사는 자들은 다 여호와의 것이로다 여호와께서 그 터를 바다 위에 세우심이여 강들 위에 건설하셨도다"(시 24:1-2).

하나님은 만물을 지으셨고 인간을 지으셨다. 만물을 낳으셨고 인간을 낳으셨다. 인간은 "하나님의 소생"이다(행 17:29). 하나님이 계시기 때문에 그리고 하나님이 우리를 낳으셨기 때문에 우리가 있는 것이다. 하나님의 이 역사적 행위가 없었다면, 우리를 포함하여 이 세상에 존재하는 모든 것은 존재할 수 없었을 것이다. 이처럼, 인간은 하나님 안에서 자신의 존재와 삶 그리고 활동을 가진다. 그러므로 우리의 인간 이해가 바르려면, 그것은 언제나 창조와 역사의 주이신 하나님으로부터 출발해야 한다.

하나님이 만물과 인간을 낳으신 목적

하나님은 왜 인간을 만드셨나? 왜 낳으셨나? 자신의 영광을 온 세상 만물 가운데 나타내시기 위해서다. 그리고 만물로부터 영광을 받으시기 위해서다. 시인은 이것을 다음과 같이 노래했다. "하늘이 하나님의 영광을 선포하고 궁창이 그의 손으로 하신 일을 나타내는도다"(시 19:1). "여호와 우리 주여 주의 이름이 온 땅에 어찌 그리 아름다운지요 주의 영광이 하늘을 덮었나이다"(시 8:1). 같은 맥락에서, 홈즈는 이렇게 말한다.

> 영원하신 하나님은 완전히 그리고 변함없이 선하시다. 그분은 스스로 존재하시며, 존재하거나 만족하기 위해 자신 외의 어떤 것도 필요로 하지 않으신다. 그분은 자기 자신의 목적을 위해 창조하시며, 자신의 영광은 다른 누구와도 공유할 수 없으시다. 하나님은 그 자신의 지고의 목적이시다…하나님은 무로부터 창조하셨기 때

> 문에 그리고 모든 피조물은 계속적으로 자신의 존재와 질서와 운명을 위해 그분께 의존하기 때문에, 그분은 창조세계 안에 있는 모든 것보다 가장 중요하신 분이다. 그분은 그 밖의 모든 것을 가능하게 하시며, 그 밖의 모든 것을 가치 있게 만드신다. 반면에 우리는 스스로 존재하지 못한다. 우리는 존재하고 또 만족하기 위해 하나님을 필요로 한다. 왜냐하면 우리는 "그를 힘입어 존재하며 기동하"고 있기 때문이다(행 17:28). 우리는 우리 자신을 위해 존재하지 않고, 하나님의 선하신 목적, 즉 영원토록 하나님을 영화롭게 하고 또 그분을 누리기 위해서 지음을 받았다. 삶의 모든 것을 통합하는 것은 바로 이것이며 보다 덜 중요한 목적들을 가치 있게 한다.

하나님은 "영광의 하나님"이시다(시 29:3). 하나님은 하늘을 자신의 영광으로 가득하게 하셨고, 자신이 지으신 만물 가운데 자신의 영광의 빛을 깊이 스미게 하셨다. 그래서 하늘뿐만 아니라 만물이 하나님의 영광을 나타낸다. 그러므로 우리는 "여호와께 그의 이름에 합당한 영광을 돌리며 거룩한 옷을 입고 여호와께 예배"해야 한다(시 29:2). 왜냐하면 그것이 바로 하나님이 우리를 존재하게 하신 일차적이고 근본적이며 궁극적인 목적이기 때문이다.

우리는 어떻게 그 영광의 하나님께 영광을 드릴 수 있는가? 그분을 찬송하는 삶을 통해서다. 온 맘을 다해 "참 아름다워라 주님의 세계는 저 솔로몬의 옷보다 더 고운 백합화 주 찬송하는

듯 저 맑은 새소리 내 아버지의 지으신 그 솜씨 깊도다. 참 아름다워라 주님의 세계는 저 아침해와 저녁 놀 밤 하늘 빛난 별 망망한 바다와 늘 푸른 봉우리 다 주 하나님 영광을 잘 드러내도다"라고 찬송하면서, 그분을 높이고 노래하는 것이다.

찬송은 피조물인 인간이 창조주 하나님 앞에서 마땅히 해야 할 일이며, 그분께 영광을 드리는 최고의 방법이다. 우리가 찬송을 통해 하나님을 경배하고 섬기고 예배할 때, 그분은 기쁘게 영광을 받으신다.

다른 한편으로, 하나님이 인간을 만드신 것은 인간에게 자신의 창조세계를 위탁해 돌보도록 하기 위해서다. "하나님이 이르시되 우리의 형상을 따라 우리의 모양대로 우리가 사람을 만들고 그들로 바다의 물고기와 하늘의 새와 가축과 온 땅과 땅에 기는 모든 것을 다스리게 하자 하시고"(창 1:26). "여호와 하나님이 그 사람을 이끌어 에덴 동산에 두어 그것을 경작하며 지키게 하시고"(창 2:15). 하나님의 말씀은 이 본문에서 하나님이 인간을 창조하신 또 하나의 중요한 또는 준궁극적인 목적을 분명하게 진술한다. 하나님은 인간으로 하여금 자신을 섬기면서 자신이 지으신 세상을 다스리고 경작하며 지키도록 의도하셨다는 것이다. 앤더슨은 이렇게 말한다.

> 인간에게는 하나님이 주신 과업(God-given task)이 있다. 하나님이 동산을 경작하고(dress) 지키는 것이다. 일은 책임감과 존엄성을 가지고 수행할 때 창조적이 되고 성취되도록 의도하셨다. 특

히, 인간은 자연을 더럽히고 오염시키도록 명령을 받은 것이 아니라 하나님의 동산을 돌보도록 명령을 받았다.

이런 점에서, 우리의 삶은 목적을 지닌 삶이며, 우리에게는 하나님이 의도하신 삶의 방식이 있다. 하나님을 섬기고 하나님이 맡기신 일을 책임 있게 수행함으로 그분의 일에 참여하는 것이다.

하나님이 자신의 형상을 따라 인간을 만드시다

앞서 말한 것처럼, 인간과 다른 피조물 사이의 차이는 하나님이 다른 피조물은 말씀으로 지으신 반면에, 인간은 말씀이 아닌 자신이 직접 땅의 흙을 빚어 만드셨다는 데 있다. 이에 더하여, 피조물의 창조와 인간의 창조 사이에는 또 하나의 큰 차이점이 있다. 다른 피조물들은 단지 하나님의 계획과 의도에 따라 지음을 받은 반면에, 인간은 그분의 "형상"(image)을 따라 지음을 받았다는 것이다. "하나님이 자기 형상 곧 하나님의 형상대로 사람을 창조하시되 남자와 여자를 창조하시고"(창 1:27).

알리스터 맥그래스(Alister E. McGrath)는 창조의 교리가 지니고 있는 함의들 중 네 가지를 든다. "첫째, 하나님과 피조물 사이는 분명하게 구분되어야 한다." "둘째, 창조는 세상에 대한 하나님의 권위를 내포한다." "셋째, 창조자로서의 하나님의 교리는 창조의 선함(goodness)을 내포한다." "넷째, 창조의 교리는 인간이 하나님의 형상을 따라 창조되었다는 것을 확언한다(창 1:26-27)." 그래서 인간은 하나님의 형상과 속성을 직접적으로 담고 있다.

그러면 좀 더 구체적으로 인간이 하나님의 형상을 따라 지음을 받았다는 것은 무엇을 의미하는가? 하나님의 형상을 따라 지음을 받는 것과 그렇지 않는 것의 차이는 무엇인가? 그 차이는 크게 두 가지로 설명될 수 있다.

첫째, 그것은 관계, 특히 인격적인 관계를 의미한다. 도로시 패커와 가브리엘 패커(Dorothy and Gabriel Fackre)는 이렇게 말한다.

> 기독교 이야기에서, 하나님은 **공동생활**(Life Together)이시다. 셋이면서 하나이신 하나님(the One-in-Three)의 "형상"이 되는 것은 그것과 어떤 관계가 있음에 틀림없다. 하나님의 형상대로 지음을 받는 것은 **그 동일한 공동생활**을 위해 지음을 받는 것이다. 하나님의 형상대로 지음을 받은 존재로서의 인간은 **관계** 안에서 그리고 **관계**-형상의 제공자인 하나님과의 관계와, 그 형상 안에 있는 파트너들로서의 다른 사람들과의 관계-를 위해서 지음을 받았다. 우리 인간의 독특성은 결국 이 관계, 즉 전개되고 있는 그 드라마에서 우리와 묶이는 하나님과의 관계를 맺는 것에 근거한다.

같은 맥락에서, 한스 발터 볼프(Hans Walter Wolff)는 이렇게 말한다.

그 구절(창 1:26)은 무엇보다도 인간과 하나님 사이의 교통(correspondence)을 가리킨다. 창조세계 안에 있는 인간의 독특한 본질은 하나님과의 자신의 특별한 관계의 관점에서 이해되어야 한다. 문맥으로 볼 때, 하나님과 인간과의 관계를 인간의 자기이해를 위한 전제조건으로 이야기하는 것이 훨씬 더 나을 것이다. 왜냐하면 그 정의는 하나님 자신이 신중히 숙고하고 (창세기) 1장 26절-우리의 형상을 따라 우리의 모양대로 우리가 사람을 만들고-에서 결정하실 때 처음 나타나기 때문이다.

이처럼, 하나님이 자신의 형상을 따라 인간을 만드신 것은 인간으로 하여금 자신과의 관계 안에서 살도록 하기 위함이었다. 인간이 인격적이고 영적인 하나님과 교제를 나누고 관계를 맺어가려면 그렇게 할 수 있는 "내적 능력"이 있어야 한다. 그래서 하나님은 인간에게 그런 내적 능력을 주신 것이다. 그것이 바로 하나님의 형상이다.

그러나 성서에서 인간이 맺어야 하는 관계는 단지 하나님과의 관계만을 의미하지 않는다. 물론, 하나님과의 관계가 가장 중요하고 근본적이다. 모든 관계는 하나님과의 관계에서 나오며 하나님과의 관계와 더불어 시작된다. 그것은 하나님과의 관계에 바탕을 두는 것이다. 그래서 하나님과 관계를 맺지 않고서 맺게 되는 다른 모든 관계는 불완전하다.

하지만 인간이 하나님과 바른 관계를 맺고 하나님을 섬기는 삶을 살게 되면, 그 관계에서 비롯되는 다른 관계들을 보게 된다. 즉 자기 자신과의 관계, 이웃과의 관계 그리고 창조세계와의 관계를 보게 된다. 따라서 하나님과의 관계에서 비롯되는 인간의 관계적 삶은 자기 자신과 이웃 그리고 창조세계에까지 미친다. 그래서 인간의 관계 안의 삶은 본래 4중적이다. 그러므로 인간의 관계적 삶이 바르려면, 인간은 하나님과의 관계, 자기 자신과의 관계, 이웃과의 관계 그리고 창조세계와의 관계를 함께 추구하면서 살아야 한다. 뿐만 아니라 어떻게 하면 우리는 이 관계들을 더 증진시킬 수 있는지를 계속해서 모색할 필요가 있다.

둘째, 인간이 하나님의 형상을 따라 지음을 받았다는 것은, 인간은 창조주 하나님과의 인격적인 소통을 할 수 있는 존재라는 것을 의미한다. 인간이 다른 존재와 관계를 맺으려면 교통할 수 있는 능력이 있어야 한다. 교통할 수 없다면 다른 존재와 관계를 맺을 수 없다. 그래서 하나님은 인간을 자신과 교통할 수 있도록 자신의 형상을 따라 창조하신 것이다. 클라우스 베스터만(Claus Westermann)은 이렇게 말한다.

> 본문(창 1:26-27)은 자신의 형상을 따라 인간을 창조하기로 결정하시는 하나님의 행위에 관해 진술하고 있다. 그 의미는 틀림없이 창조 사건에서 나온다. 하나님이 창조하기로 결정하신 것은 틀림없이 그분과의 관계에 있다. 하나님의 형상을 따른 인간의 창조는 하나님과 인간 사이에 일어나고 있는 중요한 일(something)을 가리킨다. 하나님은 자신과 교통하고, 자신이 말할 수 있고 그리고

> 자신의 음성을 들을 수 있는 피조물을 만드셨다. 우리는 창조 이야기 속의 인간은 공동체(a collective)라는 것에 주목해야 한다. 하나님의 형상을 따른 창조는 개인과 관계가 있는 것이 아니라 인류와 관계가 있다. 그 의미는 하나님과 인간 사이에 중요한 일이 일어날 수 있도록 인류가 지음 받았다는 것이다. 인류는 하나님 앞에 서 있기 위해 지음을 받았다.

이와 같이, 인간은 자신을 지으신 창조주 하나님과 교제하고 소통하고 교통하도록 지음을 받았다. 삼위일체 하나님은 자신들의 내적 교제를 확장하여 인간 공동체와도 그것을 나누기를 원하셨다. 그래서 하나님은 인간을 지으셨고 "생육하고 번성하여 땅에 충만하라"고 명하셨다. 그러므로 인간의 본분 중 하나는 하나님과 교제하는 것이다. 교통하면서 친밀한 사귐을 갖는 것이다.

비록 인간의 타락으로 인해 우리 안에 있는 하나님의 형상이 깨어지고 그래서 불완전하게 되었다할지라도, 우리는 여전히 그 능력을 지니고 있다. 더욱이 우리가 예수 그리스도 안에서 구속함을 받음으로 새로운 피조물이 될 때, 하나님의 성령이 우리 안에서 그 능력을 사용할 수 있도록 우리를 이끌어 주신다. 그러므로 우리는 하나님 앞에 나아가 그분의 영의 도움을 받으면서, 계속해서 하나님과 관계를 맺으며 살아야 한다. 그것이 아들을 보내셔서 우리 인간을 구속하시는 이유이다.

하나님이 사람을 남자와 여자로 만드시다

하나님은 사람을 만드시되, 남자와 여자로 만드셨다. 성서는 그것을 다음과 같이 말한다. "하나님이 그들(아담과 하와)에게 복을 주시며 하나님이 그들에게 이르시되 생육하고 번성하여 땅에 충만하라…" (창 1:28).

> 아담이 돕는 배필이 없으므로 여호와 하나님이 아담을 깊이 잠들게 하시니 잠들매 그가 그 갈빗대 하나를 취하고 살로 대신 채우시고 여호와 하나님이 아담에게서 취하신 그 갈빗대로 여자를 만드시고 그를 아담에게로 이끌어 오시니 아담이 이르되 이는 내 뼈 중의 뼈요 살 중의 살이라 이것을 남자에게서 취하였은즉 여자라 부르리라 하니라 이러므로 남자가 부모를 떠나 그의 아내와 합하여 둘이 한 몸을 이룰지로다.**(창 2:20-24)**

하나님은 사람을 만드실 때 왜 남자와 여자로 만드셨는가? 하나님이 사람을 남자와 여자로 만드셨다는 것은 무엇을 의미하는가? 우리는 이 물음에 대해 두 가지로 답할 수 있다.

첫째, 그것은 생육하고 번성하도록 하기 위해서다. 하나님은 만물을 창조하시고 인간을 만드실 때, 자신이 지으신 창조세계 안에 자신의 형상을 따라 지음 받은 사람들이 가득하기를 바라셨다. 그리고 그들과 교제하면서 그들로부터 섬김을 받기를 원하셨다. 그래서 하나님은 아담과 하와에게 "생육하고 번성하여 땅에 충만하라"고 말씀하셨다.

하나님은 자신이 지으신 남자와 여자를 통하여 자신의 창조 사역을 이어가기를 원하셨다. 그것은 기본적으로 남자와 여자가 가정을 꾸리고 가족을 이루어 가는 삶인 결혼을 통해서 이루어진다. 그래서 하나님은 "남자가 부모를 떠나 그의 아내와 합하여 둘이 한 몸을 이룰지로다"라고 말씀하셨다. 한 남자와 한 여자가 함께 만나 부모를 떠나 가정을 이루어 한 몸을 이루고 하나가 되는 삶을 통하여 하나님의 창조사역을 계속해 가는 것이다. 그래서 본래 가정의 형성에는 하나님의 창조 섭리가 담겨져 있기 때문에, 지오프리 브로밀리(Geoffrey W. Bromiley)가 말하는 것처럼, "결혼은 인류를 향한 하나님의 은혜로운 목적 안에 위치하며, 그것의 제정은 하나님의 창조하시는 말씀과 사역과 함께 바로 그 다음에 온다…결혼은 오직 그것을 만드시고 제정하신 하나님의 목적과 일을 따를 때만 그것이 작용할 수 있다."

한 가정의 형성은 그 자체가 목적이 아니다. 그것은 중간 목적이다. 그래서 그것은 더 큰 목적, 즉 궁극적인 목적을 섬긴다. 하나님의 나라 안에 있는 하나님의 가정(권속)을 확장해 가는 것이다. 가정을 통해 하나님 나라의 백성을 이루어 가고 하나님의 나라를 확장해 가는 것이다. 그것이 사람을 남자와 여자로 만드시고 결혼을 통해 가정을 이루게 하신 하나님의 주된 목적이다. 그래서 결혼과 가정은 하나님의 그 목적 안에 있어야 바를 수 있다. 우리 가정의 참된 행복은 그 목적을 섬길 때 온다.

하나님이 원하시는 한 사람의 자녀는 그 궁극적인 모습이 한 부모의 자녀로 머무는 것이 아니다. 오히려 하나님 앞에 한 인간으로 서는 것이다. 하나님의 창조의 관점에서 볼 때, 사람이 생물학적으로 자녀를 갖는 것은 자신의 계보를 이어가기 위한 것이 아니라 그를 하나님의 자녀로 형성해 가기 위한 것이다. 그래서 생물학적으로는 부모와 자녀로 구분되지만, 영적으로는 부모나 자녀 모두 믿음 안에서 하나님의 자녀가 된다.

이런 점에서, 육신의 부모와 그들의 자녀는 본래 하나님과 관련하여 서로 형제 자매의 관계가 된다. 자녀가 성인이 되어 가정을 꾸릴 때, 부모와 자녀는 각각 하나님 안에서 형제 자매의 관계로 서게 되는 것이다. 나중에 하나님의 나라가 완성되어 영적 부모인 하나님 앞에 서게 될 때, 서로는 하나님의 자녀들로 서게 된다. 부모가 자녀를 기르는 것은 바로 그 목적을 이루기 위해서다.

그러므로 자녀는 본래 우리의 자녀가 아니라 하나님의 자녀요, 우리에게 속한 것이 아니라 하나님께 속한다. 이와 관련하여, 고든 스미스(Gordon T. Smith)는 이렇게 말한다.

> 근본적으로, (우리가) 부모 곁을 떠날 때 일어나는 것은 하나님이 우리의 아버지, 우리의 부모가 되시는 것이다. 우리는 인간적인 부모 구조(human parental structure)에 대한 의존에서 하늘에 계신 우리 아버지에 대한 성숙하고 성인에게 알맞은 의존(adult dependence)으로 옮겨간다. 이것은 내가 나의 아이들에게 바라는 것이다. 즉 그들이 더 이상 나를 아버지가 아니라 "형제"로 부

> 르는 것이다. 왜냐하면 우리는 함께 하나님 우리 아버지의 자녀들이기 때문이다. 나는 여전히 어떤 의미에서 "아버지" 이지만, 그들은 궁극적으로 나에게 책임이 있는 것이 아니라 하나님께 책임이 있다고 나는 그들에게 주장할 필요가 있다.

생물학적으로 부모와 자녀는 1촌 관계이고, 부모의 자녀들, 즉 형제 자매들은 2촌 관계이듯이, 한 부모와 그들의 자녀는 모두 영적인 부모인 하나님께 1촌들이다. 그래서 영적으로는 하나님께 대하여 1촌인 부모와 자녀는 서로에게는 2촌들인 것이다.

둘째, 그것은 공동체를 형성하기 위해서다. 인간의 삶에는 개인적인 차원이 있지만, 그러나 인간은 개인적인 존재가 아니다. 오히려 인간은 본질적으로 관계적이고 공동체적이며 사회적인 존재다. 어떤 의미에서, 인간은 홀로 인간이 될 수 없다. 우리는 그런 사실을 최초의 인간의 이름에서 확인할 수 있다.

하나님이 지으신 첫 번째 인간의 이름은 아담이다. 아담은 말 그대로 인간을 뜻한다. 그러나 그 이름은 단수를 의미하지 않고 복수를 의미한다. 이와 관련하여, 볼프는 이렇게 말한다.

> 그 문맥(창 1:26a)은 결코 (하나님이) 한 개인을 의도하신 것이 아님을 분명히 한다. 1장 26절의 후반부-(우리가 사람을 만들고) 그들로…다스리게 하자-는 복수를 나타낸다. 그러므로 의심할 여지없이 아담은 집단적인 의미로 이해되어야 한다. 하나님은 (한 개

인이 아니라) 인류를 창조하기를 원하신다. 세상에 대한 지배는 위대한 개인들이 아니라 공동체에 주어진다.

하나님은 자신이 지으신 세상에서 인간을 통해 하나님의 백성으로 불리게 될 자신의 영적 공동체를 이루어가기를 원하셨다. 그것이 바로 하나님이 사람을 남자와 여자로 만드신 근본적인 이유이다.

이런 점에서, 한 개인은 공동체와 분리될 수 없고, 마찬가지로 공동체는 한 개인과 분리될 수 없다. 하나님의 공동체에서는 개인과 공동체가 하나님의 선하신 목적을 위해 함께 존재하고 함께 중요한 자리를 차지한다.

하나님의 다스림과 인간의 다스림

1967년 UCLA의 역사학 교수인 린 화이트(Lynn White, Jr.)는 과학 학술지인 『사이언스』(*Science*)지에 기고한 "우리의 생태 위기의 역사적 뿌리"(The Historical Roots of Our Ecological Crisis)라는 논문에서 오늘날의 생태 위기는 기독교 때문이라고 주장했다. 기독교가 나쁜 자연관을 제시했고 그것이 생태 위기의 직접적인 원인이 되었다는 것이다. 그는 자신의 주장의 근거로 창세기 1-2장에 나오는 창조세계(그의 용어로는 자연)에 대한 다스림 또는 지배(dominion)의 개념을 들었다. 사람들이 그 개념을 바탕으로 창조세계를 착취하고 훼손하게 되었다는 것이다. 그래서 오늘날의 환경 문제는 기독교에 책임이 있다는 것이다.

일견 그의 주장은 일리가 있어 보인다. 그러나 실제로는 그의 주장은 옳지 않다. 왜냐하면 성서에서 다스림은 전혀 착취의 개념을 포함하고 있지 않기 때문이다. 오히려 현대의 생태 위기는 근대 과학주의와 기술주의의 영향 때문이라고 말할 수 있다. 근대의 인간이 하나님의 말씀과 계시를 등한시하고, 그 대신 인간의 이성을 절대시하여 그것을 바탕으로 인간을 주체로 하나님의 창조세계를 대상화하면서 자신의 욕망을 채우는 수단으로 삼았기 때문이다.

성서에서 다스림(또는 통치)의 개념은 하나님의 다스림의 개념에서 나온다. 즉 인간의 다스림의 의미와 방식은 하나님의 다스림의 의미와 방식에 근거한다.

성서는 처음부터 끝가지 하나님을 다스리시는 분, 통치하시는 분으로 묘사한다. 왜냐하면 창조세계는 실제로 하나님의 다스림 안에 있기 때문이다. 시인은 이렇게 노래한다. "여호와의 지으심을 받고 그가 다스리시는 모든 곳에 있는 너희여 여호와를 송축하라 내 영혼아 여호와를 송축하라"(시 103:22). "여호와께서 다스리시나니 땅은 즐거워하며 허다한 섬은 기뻐할지어다 구름과 흑암이 그를 둘렀고 의와 공평이 그의 보좌의 기초로다 불이 그의 앞에서 나와 사방의 대적들을 불사르시는도다 그의 번개가 세계를 비추니 땅이 보고 떨었도다"(시 97:1-4). 하나님이 다스리고 통치하시는 곳에는 즐거움과 기쁨이 있다. 왜냐하면 하나님은 사랑과 정의의 통치자이시며, 그분의 다스림은는 샬롬(shalom), 즉 평화를 가져오기 때문이다. 그것이 참된 다스림의 모습이요 결과이다.

그러면 하나님이 다스리신다는 것은 구체적으로 무엇을 의미하는가? 억압과 착취를 의미하는가? 아니다. 오히려 그 반대다. 그것은 관리하고 돌보고 잘 가꾸는 것을 뜻한다. 프레드 밴 다이크(Fred Van Dyke)와 그의 동료들은 다음과 같이 말한다.

> 하나님의 말씀(창 1:28)이 우리에게 의미하는 것을 이해하기 위해서 우리는 그것이 아담과 하와에게 무엇을 의미했는지를 이해하려고 노력하면서 시작해야 한다. 아담과 하와는 (본래) 우리와 같지 않았다. 그들에게는 선악을 아는 지식이 없었다. 그들은 죄가 없었고, 악의가 없었으며(innocent), 타락하지 않았다. 그들은 우리의 역사에서 오래 계속되는 인간의 내력실을 알지 못했다. 그들에게 다스림(ruling)과 정복(subduing)은 무엇을 의미했나? 더 중요하게는, 하나님께 그것은 무엇을 의미했나?

그들은 이렇게 묻고는 다음과 같이 말한다.

> 물론, 아담의 첫 번째 정복 행위(그리고 불행하게도 그것은 마지막 정복 행위가 되었다)는 동물에게 이름을 지어주는 것이었다. 여기서 우리는 아담이 하나님이 만드신 것을 계속해서 관리할 때 하나님과 협력하는 것을 본다. 무질서에서 질서를 가져오신 분은 하나님이셨다. 그러니 하나님은 시금 필요 때문이 아니라 사랑 때

문에 피조물을 관리하는 계속적인 일에 한 인간을 연루시키신다.

그러므로 우리는 다이크와 그들의 동료들과 함께 다음과 같이 말할 수 있다. "하나님은 일반적인 방식과 특별한 방식으로 자신의 피조물의 필요들을 채워주시면서, 사랑과 관심으로 그것을 다스리신다." "하나님의 견지에서 볼 때, 다스리는 자는 섬기는 자이다. 그러므로 인간은 피조물을 섬김으로써 그것을 다스리고 정복하도록 부르심을 받는다."

따라서 화이트가 주장하는 것과는 달리, 성서에서 다스림과 정복의 개념에는 착취와 억압과 훼손의 개념이 들어있지 않다. 오히려 다스리고 정복하는 것은 하나님으로부터 자신이 위탁받은 것을 잘 관리하고 가꾸고 돌보는 것이다. 그러므로 그것은 청지기직(stewardship)이다. 피조물인 인간은 창조주인 하나님의 청지기이기 때문에 하나님의 동산을, 즉 하나님의 물질세계를 돌보는 청지기직을 바르고 충실하게 수행하고 감당할 필요가 있다.

창조의 질서

창세기 저자는 하나님이 창조하실 때마다 그 지어진 것이 "하나님이 보시기에 좋았더라"고 진술한다. 하나님이 지으신 창조세계가 참으로 아름다웠다는 것이다. 왜 그런가? 하나님의 창조 사역과 그 지어진 모든 것에는 평화로운 질서가 있었기 때문이다. 좋음과 아름다움은 질서에서 나온다. 그래서 질서가 깨지면 좋음과 아름다움도 더불어 깨진다.

하나님의 창조 사역의 큰 특징 중 하나는 질서이다. 하나님은 만물을 지으실 때마다 피조물 가운데 질서를 확립하셨다. 창조세계가 하나님의 뜻대로 바르게 움직이도록 해놓은 것이다. 피조물 하나 하나에 그리고 창조세계 전체에 질서를 확립하신 것이다. 그래서 하나님의 세계는 창조 질서(the created order)이다.

이처럼, 질서는 하나님의 창조세계가 지속되는데 필수적인 요소이며, 하나님이 자신의 창조세계에 두신 원리이다. 그 주된 질서들 가운데 중요한 것들을 살펴보면 다음과 같다. 첫째, 피조물인 인간이 자신의 창조주 하나님을 섬기는 것이다(예수님은 이것을 하나님 사랑으로 설명하셨다). 둘째, 한 남자와 한 여자가 한 몸을 이루어 가정을 이루고 하나님의 창조세계를 이어가는 것이다. 셋째, 한 사람이 다른 사람을 하나님의 존엄성을 지닌 존재로 대하는 것이다(예수님은 이것을 이웃 사랑으로 설명하셨다). 넷째, 창조세계를 바르게 다스리며 사는 것이다.

하지만 최초 인간은 하나님이 확립하신 창조의 질서를 깼다. 하나님과 자신들 사이의 질서를 깼고, 남녀간의 혼인의 질서를 깼다. 자신과 이웃 사이의 질서를 깼고, 자신과 물질세계 사이의 질서를 깼다. 그로 인해 지금까지 계속해서 인간 사회와 창조세계에 문제가 생기게 되었다.

아담과 하와가 하나님의 창조 질서를 깬 것은 하나님의 말씀에 대한 그들의 불순종 때문이다. 창조의 질서는 본래 하나님의 말씀에 대한 순종에서 비롯된다. 그래서 만일 인간이 죄를 짓지 않고 하나님께 순종하는 삶을 살았다면, 창조세계는 여전히 질서를 유지하며 하나님이 보시기에 좋은 모습으로 하나님의 말씀과 뜻이 바르게 흘러갔을 것이다. 그러므로 우리가 창조 질서를 바르게 유지하려면, 우리는 하나님의 말씀에 귀를 기울이고 그 말씀에 순종해야 한다.

질서를 깨는 행위의 결과는 죽음이고 고통이다. 처음 인간인 아담과 하와가 하나님이 창조세계에 부여하신 질서를 깼을 때 생긴 것이 바로 고통과 죽음이었다. 이것은 지금도 여전히 사실이다. 하나님이 정하신 질서를 무시하면, 그 결과는 직접적으로 우리 자신에게 미친다. 고통과 죽음의 방식으로 우리에게 온다.

피조물의 순종

하나님이 만물을 창조하시는 이야기에는 우리가 주목할 필요가 있는 것이 하나 더 있다. 하나님이 "있으라고 말씀하시면 그대로 되었다"고 하는 것이다. 하나님이 말씀하실 때마다 모든 것이 그 말씀 그대로 이루어졌다. 하나님의 말씀이 흘러가는 곳에서 말씀의 성취가 있었던 것이다. 하나님이 이사야 선지자를 통해서 주신 말씀처럼(사 55:11), 하나님의 입에서 나가는 모든 말씀은 헛되이 하나님께 돌아가지 않고 하나님의 기뻐하시는 뜻을 이루며 모든 것이 형통하는 모습이 하나님의 창조사역에 있었던 것이다.

우리는 여기에서 기독교 신앙의 중요한 한 면을 보게 된다. 기독교적 순종이란 무엇이며 어떠해야 하는지를 보게 되는 것이다. 순종은 하나님의 말씀에 대한 실천이 담긴 응답이다. 하나님의 말씀이 막힘이 없이 그대로 흘러가는 것이다. 이것은 하나님을 섬기는 삶과 관련하여 우리에게 중요한 점을 시사해준다. 하나님의 말씀이 흘러가지 못하도록 막는 것은 불순종이며 불신앙이라는 것이다.

순종은 흐름이다. 하나님의 말씀과 뜻이 본래 가야할 길을 따라 흘러가도록 하는 것이 순종인 것이다. 냇물이 강으로 흘러가듯이, 하나님의 말씀이 그것의 목적을 성취하기 위해 세상으로 흘러가는 것이다. 창조세계는 하나님의 말씀의 흐름에 따라 만물의 질서가 잡혔다. 인격이 없는 피조물들도 이 흐름에 순종했다. 그러나 불행하게도 인격을 지닌 인간은 그렇게 하지를 않았다. 그 흐름을 거부하고 거스른 것이다. 그것은 하나님 앞에 죄였다. 그러므로 하나님의 말씀이 우리에게 올 때, 우리는 그 말씀이 우리를 통하여 흘러가도록 해야 한다. 그것이 순종이다. 그 말씀이 나에게서 막히면 그것은 순종이 아니다. 내게 와서 그대로 되는 것이 순종이다.

이것이 바로 아브라함이 믿음의 조상, 순종의 사람이라고 불리게 된 이유이다. 그에게 하나님의 말씀이 임했을 때, 그 말씀이 그를 통하여 흘러갔다. 하나님이 떠나라고 말씀하실 때 떠났고(창 12:1-4), 아들을 바치라고 말씀하실 때 바쳤다(창 22:1-19). 하나님이 말씀하신 대로 그대로 이루어진 것이다. 그것은 하나님이 보시기에 좋았음이 분명하다. 말씀이 성취될 때, 하나님은 그렇게 환호하시기 때문이다. 말씀의 성취에는 하나님의 미소가 따른다.

* * *

왕이신 창조주 하나님은 만물의 기원이시다. 존재하는 모든 것이 그분에게서 나왔다. 그분이 낳은 것이다. 이것은 우리 모든 사람들도 그분으로부터 왔음을 말하는 것이다. 나도 그리고 당신도 하나님으로부터 왔다. 그래서 하나님은 우리의 아버지요 어머니다. 더욱이, 우리는 믿음 안에서 그분의 자녀들이다. 그분의 백성이다. 우리는 하나님의 역사적 행위의 결과요 열매다. 그러므로 우리는 왕이신 창조주 하나님이 우리를 지으신 목적대로 하나님을 섬기고 이 세상에서 하나님의 일에 참여하면서 살 필요가 있다. 그것이 복된 삶이다.

2장

하나님의 구원 계획: 하나님이 죄인들에게 은혜를 베푸시다

인간의 역사에서 가장 큰 비극은 인간의 타락으로 인해 이 세상에 죄가 들어왔다고 하는 것이다. 죄는 인류에게 영적 죽음을 가져다주었고 하나님의 창조세계의 본 모습을 왜곡시켰다. 뿐만 아니라 창조세계에 담겨진 하나님의 샬롬을 깨버렸다. 그 이후로, 인간과 온 세상은 죄의 영향을 직접적으로 받게 되었다.

죄는 여전히 인류와 세상의 가장 큰 문제요 적이다. 인간의 삶의 모든 문제는 바로 그것에서 비롯되기 때문이다. 그러므로 우리는 죄의 문제를 진지하게 다룰 필요가 있다.

인간이 하나님께 대해 죄인이 되다

그러면 죄가 어떻게 세상에 들어오게 되었는가? 사도 바울은 이렇게 말한다. "한 사람으로 말미암아 죄가 세상에 들어오고 죄로 말미암아 사망이 들어왔나니 이와 같이 모든 사람이 죄를 지었으므로 사망이 모든 사람에게 이르렀느니라"(롬 5:12). 여기서 바울은 죄와 관련하여 두 가지 중요한 사실을 언급한다. 하나는, 죄는 인간을 통해 세상에 들어오게 되었고, 그로 인해 모든 사람이 죄를 지은 죄인들이 되었다는 것이다. "모든 사람이 죄를 범하였으매 하나님의 영광에 이르지 못하더니"(롬 3:23). 다른 하나는, 죄는 인간에게 사망을 가져다주었고, 그 사망은 모든 사람에게 미쳤다는 것이다. 그러니까 사망은 죄의 결과이고 그 영향은 모든 인간에게 이르렀다고 하는 것이다.

실제로, 하나님의 역사적 행위의 출발점인 하나님의 선한 창조는 사탄과 인간의 공모, 즉 사탄의 계략과 그에 대한 인간의 연루—그것은 선악을 아는 일에 하나님과 같이 되고자 하는 인간의 욕심에서 비롯되었다—로 인해 깨지고 말았다.

> 뱀이 여자에게 물어 가로되 하나님이 참으로 너희더러 동산 모든 나무의 실과를 먹지 말라 하시더냐 여자가 뱀에게 말하되 동산 나무의 실과를 우리가 먹을 수 있으나 동산 중앙에 있는 나무의 실과는 하나님의 말씀에 너희는 먹지도 말고 만지지도 말라 너희가 죽을까 하노라 하셨느니라 뱀이 여자에게 이르되 너희가 결코 죽지 아니하리라 너희가 그것을 먹는 날에는 너희 눈이 밝아 하나님과 같이 되어 선악을 알 줄을 하나님이 아심이니라 여자가 그 나무를 본즉 먹음직도 하고 보암직도 하고 지혜롭게 할만큼 탐스럽기도 한 나무인지라 여자가 그 실과를 따먹고 자기와 함께 한 남편에게도 주매 그도 먹은 지라.**(창 3:1-6)**

하나님의 말씀에 대한 인간의 불순종이 인간 자신뿐만 아니라 하나님의 창조세계 전체에 불행을 가져왔다. 인간이 하나님 앞에서 죄를 지음으로 말미암아 본래 인간에게 의도된 생명과 희망의 삶이 죽음과 절망의 삶으로 바뀌고 말았다. 인간의 불순종 때문에 하나님으로부터 오던 희망이 단절되었다.

본래 인간은 하나님의 다스림을 받으며 생명 가운데 살도록 의도되었지만, 타락 이후에 인간은 죄의 다스림을 받으며 사망 가운데 살게 되었다. 사도 바울의 말로 하면, “한 사람의 범죄로 말미암아 사망이 그 한 사람을 통하여 왕 노릇”하게 되었다(롬 5:17). 인간은 죄의 종이 되었고, 사망이 우리의 삶에서 왕 노릇하게 된 것이다. 죄와 사망이 인간의 실존, 인류의 현실이 된 것이다.

죄의 결과

죄는 하나님께 대한 인간의 저항이다. 인간이 자신의 삶에 대한 하나님의 주권을 거부하고 스스로 자신의 삶에 대한 주권을 취하는 것이다. 이와 관련하여, 밀라드 에릭슨(Millard J. Erickson)은 이렇게 말한다.

> 죄의 교리는 우리에게 중요하다. 왜냐하면 그것은 다른 모든 교리들에 영향을 주며 또 그것들의 영향을 받기 때문이다. 죄는 하나님께 반대하는 모든 악한 행위 또는 악한 동기이다. 간단히 말해

> 서, 죄는 하나님을 하나님 되게 하지 않는 것이며, 하나님의 정당한 주권(supremacy)의 자리에 다른 어떤 것 또는 다른 어떤 사람을 앉히는 것이다.

같은 맥락에서, 앤더슨은 다음과 같이 말한다.

> 죄는 하나님으로부터의 독립 선언이다. 그것은 하나님을 하나님 되게 하는 것에 대한 거부이다. 무엇보다도, 죄는 비도덕적인 것을 하는 문제가 아니며, "나쁜 사람들"(bad girls and boys)이 되는 문제가 아니다. 심오한 의미에서, 죄는 자유롭게 먼 나라로 가서는 자유분방한 삶을 살면서 자신의 재산을 허비하는 탕자의 비유(눅 15:11-24)를 예로 들어 예수님이 설명하시듯이 잘못된 성숙(false maturity)이다. 에덴 동산의 이야기에 따르면, 그 결과는 하나님으로부터의 소외, 다른 사람들로부터의 소외 그리고 자신의 참된 자아로부터의 소외—피조물의 경계를 넘는 반항적인 의지에 뿌리 박고 있는 소외—이다.

이처럼, 죄는 일차적으로 하나님과의 관계의 문제다. 브로밀리가 말하는 것처럼, "타락의 중심 문제는 하나님과의 관계다." 인간이 자신의 목적을 위해 하나님과의 관계를 저버리는 것이 죄다. 인간이 하나님을 하나님으로 인정하지 않고, 그 대신 자신을 하나님처럼 여기는 것이 죄인 것이다.

앞서 살펴본 것처럼, 죄의 결과는 사망이다. 그래서 사도 바울은 "죄의 삯은 사망"(롬 6:23)이라고 말했다. 사망은 생명의 근원이요 영생이신 하나님과의 관계의 단절, 즉 소외에서 비롯된다. 인간은 하나님으로부터 소외되어 하나님의 생명을 공급받을 수 없기 때문에 하나님을 향하여 죽은 것이다. 그래서 앤더슨이 말하는 것처럼, 죄의 결과로서의 죽음에 대한 또 다른 표현은 "소외"이다.

성서적 관점에서, 죄는 4중적인 소외을 낳는다(앤더슨은 3중적 소외를 말하지만, 좀더 엄밀히 말하면 4중적 소외로 보는 것이 더 적절하다. 그렇게 설명하는 학자들이 여럿 있다). 다시 말해서, 인간이 하나님께 불순종의 죄를 범했을 때, 인간은 4중적인 소외, 즉 하나님으로부터의 소외, 자기 자신으로부터의 소외, 이웃으로부터의 소외 그리고 창조세계로부터의 소외를 겪게 되었다. 이와 관련하여, 다이크와 그의 동료들은 다음과 같이 말한다.

> 비록 하나님의 말씀의 소리가 고통스러울지라도, 그것 역시 자비로 말씀하시는 것이다. 왜냐하면 그것은 우리에게 진리를 말씀하시며 그 진리 안에서 대답과 희망을 제공하기 때문이다. 성서는 죄가 관계적으로 나타난다고, 즉 다른 많은 차원들에서 관계들을 깨면서 나타난다고 정확하게 밝힌다. 세상에서 죄의 세력은 네 가지 기본적인 관계들, 즉 하나님에 대한 인간의 관계, 자신에 대한 개인의 관계, 서로에 대한 사람들의 관계 그리고 창조세계에 대한 인간의 관계를 깬다.

이와 같이, 죄로 인해 인간은 본래의 관계적 삶을 상실하고 말았다. 그래서 죄 가운데 사는 한에서, 인간은 늘 이 4중적 소외를 경험하며 살게 된다. 우리는 성서에서 그에 대한 예를 보게 된다.

첫째, 죄는 하나님으로부터 인간을 소외시켰다. 아담과 하와는 하나님께 불순종의 죄를 범한 후, 하나님이 자신들을 찾아오셨을 때 "여호와 하나님의 낯을 피하여 동산 나무 사이에" 숨었다(창 3:8). 타락하기 전 하나님과 함께 있을 때, 그들은 숨지 않았다. 친밀한 관계 안에서 하나님과 함께 동산을 거닐었다. 하나님과 그들 사이에는 직접적인 영적 교제가 있었다.

그러나 죄를 짓고 난 후부터 그들은 하나님 앞에 떳떳이 설 수가 없었다. 자신들이 벗은 것을 알게 되었고 또 하나님께 죄 지은 것을 알았기 때문이다. 하나님이 "네가 어디 있느냐"라고 부르실 때, 아담은 이렇게 대답했다. "내가 동산에서 하나님의 소리를 듣고 내가 벗었으므로 두려워하여 숨었나이다"(10절). 타락하기 전에는 하나님의 소리가 기쁨의 소리였다. 그래서 그들이 하나님의 소리를 들었을 때 기쁘게 하나님 앞으로 뛰어갔을 것이다. 그러나 타락한 후에는 하나님의 소리가 두려움의 소리로 들렸다. 그래서 그들은 하나님의 소리를 듣고 숨었다.

하나님은 아담을 에덴 동산에 두실 때 "동산 각종 나무의 열매는 네가 임의로 먹되 선악을 알게 하는 나무의 열매는 먹지 말라 네가 먹는 날에는 반드시 죽으리라"(창 2:16-17)라고 말씀하셨다. 그리고 하나님은 그가 하와와 더불어 불순종하여 "선악을 알게 하는 나무의 열매"를 따먹었을 때 "네가 그것(흙)에서 취함을 입었음이라 너는 흙이니 흙으로 돌아갈 것이니라"(창 3:19)라고 말씀하셨다. 그런 다음, 아담과 하와는 하나님이 자신들을 위해 마련해 주신 삶을 위한 최고의 환경인 하나님의 동산으로부터 추방을 당했다(창 3:22-24).

아담과 하와는 하나님의 말씀을 가볍게 여겼다. 말씀을 어겨도 큰 문제가 일어나지 않을 것이라고 생각했는지도 모른다. 그래서 하나님이 자신들에게 "선악을 알게 하는 나무의 열매는 먹지 말라 네가 먹는 날에는 반드시 죽으리라(you will surely die.)"(창 2:17)라고 말씀하셨음에도 불구하고, 하와는 사탄에게 말할 때 "동산 중앙에 있는 나무의 열매는 하나님의 말씀에 너희는 먹지도 말고 만지지도 말라 너희가 죽을까(you will die.) 하노라"(창 3:3)라고 말했다. 그들은 하나님의 말씀에서 아주 중요한 "반드시"(surely)란 말을 빼버렸다.

그러나 그들은 자신들이 범죄하여 하나님의 저주를 받고 하나님이 하신 말씀이 자신들과 인류의 현실이 된 다음에야, 하나님으로부터 소외되어 살아가는 것이 얼마나 큰 고통인지를 깨닫게 되었다. 이것이 인간의 타락의 이야기가 전해주는 중심 메시지이다. 하나님을 떠난 인간의 삶은 그 자체가 고독이자 허무요 고통이다.

인간의 관계적 삶의 바탕은 자신을 지으신 창조주 하나님과의 관계다. 인간이 영적 고향인 하나님과의 관계를 잃어버리면, 인간의 삶은 영적으로 표류하게 된다. 그리고 하나님과의 관계가 잘못되면 다른 관계들도 자동적으로 잘못되게 되어 있다. 바꾸어 말하면, 하나님과의 관계가 바르면 다른 관계들도 바를 수 있고 바르게 볼 수 있다.

둘째, 죄는 인간을 인간 자신으로부터 소외시켰다. 아담은 하나님이 자신을 찾아오셨을 때 자신이 벗었다고 말했다. 그는 하나님 앞에서 신체적으로 뿐만 아니라 영적으로 벗은 자가 되었다. 다이크와 그의 동료들은 이렇게 말한다. 아담은 "신체적으로 벗었다는 것을 느꼈을 뿐만 아니라(그것은 그가 지음을 받은 상태였다) 영적으로도 벗은 것을 느꼈다." 인간은 타락으로 인해 자신의 내면과 단절을 경험하게 되었고, 그로 인해 근본적으로 자신과 하나가 되지 못하게 되었다. 인간은 분열된 자아를 갖게 된 것이다. 그래서 아담은 자신을 부르시는 하나님의 음성을 들었을 때 두려움을 느끼게 되었다(창 3:10).

게다가, 인간의 자기 소외는 인간을 자기 중심적인 존재로 만들었다. 우리는 아담과 하와가 하나님께 책망을 받게 되었을 때 서로에게 책임을 전가하는 모습에서 인간의 그런 면을 보게 된다. 그들은 자기 자신을 지키기 위해 다른 사람을 희생시키려고 했다. 그런 모습은 죄가 인간을 이웃으로부터 소외시켰다는 것을 보여주는 좋은 예가 되기도 한다.

우리는 자기 자신으로부터 분리되고 소외된 한 인간의 실존의 모습을 사도 바울의 고백에서 보게 된다. 그는 이렇게 말했다.

그런즉 선한 것이 내게 사망이 되었느냐 그럴 수 없느니라 오직 죄가 죄로 드러나기 위하여 선한 그것으로 말미암아 나를 죽게 만들었으니 이는 계명으로 말미암아 죄로 심히 죄 되게 하려 함이라 우리가 율법은 신령한 줄 알거니와 나는 육신에 속하여 죄 아래에 팔렸도다 내가 행하는 것을 내가 알지 못하노니 곧 내가 원하는 것은 행하지 아니하고 도리어 미워하는 것을 행함이라 만일 내가 원하지 아니하는 그것을 행하면 내가 이로써 율법이 선한 것을 시인하노니 이제는 그것을 행하는 자가 내가 아니요 내 속에 거하는 죄니라 내 속 곧 내 육신에 선한 것이 거하지 아니하는 줄을 아노니 원함은 내게 있으나 선을 행하는 것은 없노라 내가 원하는 바 선은 행하지 아니하고 도리어 원하지 아니하는바 악을 행하는도다 만일 내가 원하지 아니하는 그것을 하면 이를 행하는 자는 내가 아니요 내 속에 거하는 죄니라 그러므로 내가 한 법을 깨달았노니 곧 선을 행하기 원하는 나에게 악이 함께 있는 것이로다 내 속사람으로는 하나님의 법을 즐거워하되 내 지체 속에서 한 다른 법이 내 마음의 법과 싸워 내 지체 속에 있는 죄의 법으로 나를 사로잡는 것을 보는도다 오호라 나는 곤고한 사람이로다 이 사망의 몸에서 누가 나를 건져내랴 우리 주 예수 그리스도로 말미암아 하나님께 감사하리로다 그런즉 내 자신이 마음으로는 하나님의 법을 육신으로는 죄의 법을 섬기노라.**(롬 7:13-25)**

인간의 겉 사람과 속 사람이 서로 나뉘게 된 것은 순전히 죄의 결과다. 사도 바울이 경험한 것은 아담과 하와가 경험한 것이었고 또한 우리가 계속해서 경험하며 사는 것이기도 하다.

셋째, 죄는 인간을 이웃, 즉 다른 사람들로부터 소외시켰다. 앞에서 간단히 언급한 것처럼, 우리는 그것에 대한 예를 하나님이 "선악을 알게 하는 나무를" 따먹은 것에 대해 아담과 하와를 책망하실 때 그들이 서로에게 책임을 전가하는 모습에서 볼 수 있다.

아담은 하나님이 자신의 갈비뼈로 하와를 만드신 다음 자신에게로 이끌어오셨을 때 "이는 내 뼈 중의 뼈요 살 중의 살이라"(창 2:23)고 감탄하고는 하와와 "합하여 둘이 한 몸을"(24절) 이루었다. 뿐만 아니라 선악을 알게 하는 나무의 열매를 따먹는 일에도 "합하여" 사이 좋게 따먹었다. 하와가 먼저 따서 먹고는 아담에게도 먹으라고 주었을 때, 그는 아무런 말없이 그냥 받아 먹었다. 하나님께 불순종하는 일에도 두 사람은 하나였다.

그러나 두 사람은 문제가 생기자, 언제 그랬느냐는 듯이 서로를 외면해 버렸다. 그 이후로 두 사람 사이에는 더 이상 완전한 연합이 불가능하게 되었다. 그리고 역사적으로 모든 부부는 완전한 연합을 이루는 것이 불가능하게 되었다. 서로의 목적이나 문제가 발생하면, 언제든지 자신의 이익을 위해 연합을 깨는 일을 주저 없이 하게 되었다.

다른 한편으로, 죄가 인간을 다른 사람들로부터 소외시켰다는 것을 보여주는 가장 적절한 예는 형인 가인이 동생 아벨을 죽이는 사건이다. 그 사건의 발단은 이렇다. 하나님이 "아벨과 그 제물"은 받으셨지만 "가인과 그 제물"은 받지 않으시자, 가인은 화를 내면서 얼굴을 붉혔다(창 4:5). 그때 하나님은 "네가 분하여 함은 어찌 됨이며 안색이 변함은 어찌 됨이냐 네가 선을 행하면 어찌 낯을 들지 못하겠느냐 선을 행하지 아니하면 죄가 문에 엎드려 있느니라 죄가 너를 원하나 너는 죄를 다스릴지니라” (6-7절)라고 말씀하셨다.

하나님은 아벨의 제물만 받으신 것이 아니다. 아벨도 받으셨다. 아벨의 제물뿐만 아니라 아벨 자신도 하나님이 받으실만한 사람이었기 때문이다. 사도 바울의 표현대로 하면, 그의 몸과 삶은 하나님이 기쁘게 받으실만한 “거룩한 산 제물” 이었다.

반면에 하나님은 가인의 제물만 받지 않으신 것이 아니다. 가인도 받지 않으셨다. 아니, 받으실 수 없었다. 가인의 제물뿐만 아니라 가인 자신도 하나님이 받으실만한 사람이 되지 못했기 때문이다. 그의 몸과 삶은 하나님이 기쁘게 받으실 만한 “거룩한 산 제물” 이 되지 못했다. 그는 선을 행하지 않고 악을 행했다. 죄가 그를 원했을 때, 그는 죄를 다스리지 못했다. 오히려 죄를 지음으로 죄가 자신을 다스리게 했다. 그래서 그는 하나님 앞에서 낯을 들 수 없는 인생이 되고 말았다.

아벨은 비록 부모인 아담과 하와가 하나님께 불순종하여 죄를 범하고 하나님으로부터 소외되었지만 하나님을 섬기는 믿음 안에 있었다. 믿음으로 소외를 극복한 것이다. 왜냐하면 우리는 믿음을 통해 하나님과의 단절된 관계를 회복할 수 있기 때문이다. 반면에 가인은 계속해서 하나님으로부터 소외된 삶으로 하나님과 상관없이 자기 좋은 대로 살았다. 그의 제물에는 그러한 그의 삶의 모습이 담겨져 있었다. 그것이 바로 하나님이 그와 그의 제물을 받지 않으신 이유였고 받으실 수 없었던 이유였다.

믿음은 모든 행위의 출발점이다. 믿음이 없이는 누구도 그리고 어떤 것으로도 하나님을 기쁘시게 할 수 없다. 그래서 히브

리서 저자는 "믿음이 없이는 하나님을 기쁘시게 하지 못하나니 하나님께 나아가는 자는 반드시 그가 계신 것과 또한 그가 자기를 찾는 자들에게 상 주시는 이심을 믿어야 할지니라"(11:6)라고 말했다.

넷째, 죄는 인간을 하나님의 물질세계로부터 소외시켰다. 하나님은 아담과 하와가 불순종의 죄를 지었을 때 이렇게 말씀하셨다.

> 네가 네 아내의 말을 듣고 내가 네게 먹지 말라 한 나무의 열매를 먹었은즉 땅은 너로 말미암아 저주를 받고 너는 네 평생에 수고하여야 그 소산을 먹으리라 땅이 네게 가시덤불과 엉겅퀴를 낼 것이라 네가 먹을 것은 밭의 채소인즉 네가 흙으로 돌아갈 때까지 얼굴에 땀을 흘려야 먹을 것을 먹으리니 네가 그것에서 취함을 입었음이라 너는 흙이니 흙으로 돌아갈 것이니라.**(창 3:17-19)**

그런 다음, 하나님은 "에덴 동산에서 그를 내보내어 그의 근원이 된 땅을 갈게" 하셨다(23절). 인간은 본래 창조세계와 더불어, 더 정확히는 자신의 근원인 땅과 더불어 살도록 의도되었다. 인간과 땅 사이에는 친밀한 관계가 있었다. 그러나 인간이 하나님께 죄를 지었을 때, 땅은 인간으로 인해 저주를 받게 되었다. 인간의 친구였던 땅이 인간의 삶을 방해하는 장애물도 되게 되었다. 인간은 평생 땅에서 죽도록 일을 해서 먹을 것을 얻어 그것을 먹고살다가 때가 되면 땅으로 가게 되었다. 그것이 아담과 하와의 운명이었고 모든 인간의 운명이 되었다.

인간이 자신의 존재의 영적 근원이신 하나님을 잃어버리면 자신의 물질적 근원인 땅만 남게 된다. 그래서 하나님과 함께 살지 않는 사람들은 죽으면 흙으로 돌아간다. 그러나 하나님을 섬기면서 그분과 동행하는 삶을 사는 사람들은 죽을 때 하나님께로 돌아간다. 그것이 바로 에녹의 이야기가 전하는 메시지다.

이렇듯, 인간의 타락과 죄는 인간을 하나님으로부터, 자신으로부터, 이웃으로부터 그리고 물질세계로부터 소외시켰다. 그것은 인간이 범한 죄의 결과다. 이런 소외의 상태로는 인간은 결코 완전히 만족스럽고 복된 삶을 살 수 없다. 그러므로 인간은 이런 소외된 삶의 한계를 벗을 필요가 있다. 그러한 삶은 하나님이 의도하신 본래적 삶이 아니기 때문이며, 하나님은 우리가 자신의 은혜 안에서 풍성한 삶을 살기를 원하시기 때문이다.

구원과 그 범위

일반적으로 구원은 다음과 같이 두 가지 의미를 지니는 것으로 이해되어 왔다. 즉 구원은 영혼의 구원을 의미하며, 인간이 죽으면 영혼만 천국이라고 일컬어지는 지구 밖의 어떤 곳으로 가는 것으로 여겨져 왔다. 구원에 대한 이런 이해는 특히 자신들을 정통 보수적이고 경건하다고 여기는 사람들에게서 쉽게 찾아볼 수 있다.

그러나 그것은 바른 기독교적 구원이해가 아니다. 성서적, 기독교적 구원은 그것을 포함하지만 그보다 더 넓은 개념이다. 물론, 베드로는 이렇게 말했다.

> 너희 믿음의 확실함은 불로 연단하여도 없어질 금보다 더 귀하여 예수 그리스도께서 나타나실 때에 칭찬과 영광과 존귀를 얻게 할 것이니라 예수를 너희가 보지 못하였으나 사랑하는도다 이제도 보지 못하나 믿고 말할 수 없는 영광스러운 즐거움으로 기뻐하니 믿음의 결국 곧 영혼의 구원을 받음이라.**(벧전 1:7-9)**

베드로가 말하는 것처럼, 우리는 오직 예수 그리스도를 믿는 믿음을 통해서만 구원을, 즉 영혼의 구원을 받는다.

그러나 성서적 관점에서, 인간의 영혼은 인간을 구성하는 어느 한 요소만을 의미하는 것으로 이해될 수 없다. 오히려 그것은 인간의 전인의 관점에서 이해되어야 옳을 것이다. 왜냐하면 영혼은 인간의 중심이기 때문이다. 영혼이 없는 몸이 온전한 인간일 수 없듯이, 몸이 없는 영혼은 온전한 인간일 수 없다. 하나님은 전인으로서의 인간을 만드셨고, 전인으로서의 인간을 구원하기 원하신다. 그래서 우리는 하나님의 양자가 되는 것, 곧 "우리 몸(our bodies)의 구속을 기다리"며(롬 8:23), 우리는 예수님이 "우리의 낮은 몸을 자기 영광의 몸의 형체와 같이 변하게"(빌 3:21)하실 때를 기다린다.

그래서 인간의 구원은 부활과 관계가 있다. 부활이 없는 구원은 없기 때문이다. 구원을 받은 사람은 생명의 부활을 하게 될 사람을 말한다. 부활은 영혼의 부활이 아니다. 몸의 부활이다. 그러므로 우리는 예수 그리스도가 재림하시고 하나님의 나라가 완성될 때, 부활의 몸, 즉 변형된 몸을 갖게 될 것이다. 그 표본은 예수 그리스도이시다. 제자들은 예수님의 "부활의 몸"을 보았다. 예수님의 "영혼"을 본 것이 아니다.

예수님은 부활하신 후에 제자들에게 나타나셔서 자신의 부활을 믿지 못하고 의심하던 도마에게 "네 손가락을 이리 내밀어 내 손을 보고 네 손을 내밀어 내 옆구리에 넣어 보라 그리하여 믿음 없는 자가 되지 말고 믿는 자가 되라"(요 20:27)고 말씀하셨다. 도마는 그 말씀을 듣고 "나의 주님이시요 나의 하나님이시니이다"(28절)라고 대답했다. 도마와 제자들 앞에 서 계시던 예수님은 영혼이 아니라 부활하신 몸이셨다.

그러면 더 구체적으로 우리는 구원을 어떻게 이해해야 할까? 우리는 위에서 살펴본 인간의 타락과 죄로 인한 소외의 문제를 바탕으로 이 물음에 대한 답을 얻을 수 있다. 즉 죄가 인간에게 4중적인 소외를 가져다주었다면, 예수 그리스도를 통한 속죄는 인간에게 4중적인 관계의 회복을 가져다준다고 말할 수 있다. 따라서 성서적, 기독교적 관점에서 볼 때, 구원은 두 가지로 이해될 수 있다.

하나는 인간의 구원(salvation)이다. 인간은 하나님께 불순종의 죄를 지음으로 영적으로 죽은 존재가 되었다. 그래서 인간은 다시 살 필요가 있다. 하나님은 이러한 인간의 필요를 채워주시기 위해 예수 그리스도를 보내주셔서 십자가에 달려 죽게 하심으로 인간에게 구원과 다시 살 수 있는 길을 주셨다. 그러므로 누구든지 예수 그리스도를 자신의 구주로 영접하면, 그는 구원을 받게 된다. 구원을 받되, 영혼만 구원을 받는 것이 아니라 전인적인 구원을 받게 된다.

인간은 예수 그리스도를 통해 새로운 피조물이 됨으로 하나님과 새로운 관계를 맺게 되고, 자신과 이웃에 대해서도 새로운 관계를 맺을 수 있는 근거를 지니게 된다. 비록 이 세상에서는 온전한 모습의 관계적 삶을 살지 못한다 할지라도, 예수 그리스도가 다시 오시고 하나님의 나라가 완성이 될 때는 온전한 관계의 삶을 살게 될 것이다. 하나님과의 관계에 대해서도, 자신과의 관계에서도, 타인과의 관계에서도 그리고 창조세계와의 관계에 대해서도 그러한 삶을 살게 될 것이다.

다른 하나는 하나님의 창조세계의 구속(redemption)이다. 앞서 살펴본 것처럼, 하나님께 대한 인간의 타락과 죄는 하나님의 물질세계에도 영향을 주었다. 그래서 피조물도 인간과 더불어 고통을 당하고 있다. 사도 바울은 이런 상황을 다음과 같이 묘사했다.

> 피조물이 고대하는 바는 하나님의 아들들이 나타나는 것이니 피조물이 허무한데 굴복하는 것은 자기 뜻이 아니요 오직 굴복하게 하시는 이로 말미암음이라 그 바라는 것은 피조물도 썩어짐의 종노릇한 데서 해방되어 하나님의 자녀들의 영광의 자유에 이르는 것이니라 피조물이 다 이제까지 함께 탄식하며 함께 고통을 겪고 있는 것을 우리가 아느니라.**(롬 8:19-22)**

바울이 진술하는 것처럼, 하나님의 피조물 역시 하나님의 구속, 즉 썩어짐의 종노릇에서 해방되어 자유롭게 되기를 갈망한다. 물론, 그런 갈망은 결국에는 이루어질 것이다. 그것은 성서가 분명하게 약속하는 것이기 때문이다.

따라서 인간의 구원은 영혼의 구원만이 아니라 전인의 구원이다. 그리고 구원의 세계는 우리가 죽은 다음 지구를 떠나서 가게 되는 저 바깥쪽의 어떤 곳이 아니라 만물이 새롭게 될, 즉 새 하늘과 새 땅이 될 하나님의 창조세계이다.

은혜의 하나님이 인간의 구원을 계획하시다

인간이 하나님 앞에서 타락함으로 얻게 된 것은 "선악을 아는 일에" 하나님과 같이 되는 것이었다(창 3:22). 그러나 그것을 얻기 위해 치른 대가는 하나님과의 관계의 단절, 즉 영석 죽음이었고(창 3:19), 피조물이 썩어짐의 종노릇을 하게 되는 것이었다.

영적 죽음은 인간에게 절망을 가져다주었다. 인간의 절망의 뿌리는 희망의 하나님과의 단절이다. 희망은 하나님의 것이며 하나님으로부터 나온다. 그래서 시인은 "나의 영혼아 잠잠히 하나님만 바라라 무릇 나의 소망이 그로부터 나오는도다 오직 그만이 나의 반석이시요 나의 구원이시요 나의 요새이시니 내가 흔들리지 아니하리로다" (시 62:5-6)라고 노래했다.

반면에, 하나님을 벗어난 인간은 절망 가운데 머문다. 아담과 하와는 희망의 하나님과 단절되었을 때 깊은 절망을 경험하게 되었다. 그런 상태는 간접적이나마 그들이 "하나님의 낯을 피하여 동산나무 사이에" 숨는 모습을 통해 그리고 자신들이 행한 잘못에 대한 책임을 타인에게 전가하는 모습을 통해 나타난다. 이처럼, 타락한 인간, 죄 가운데 머무는 인간은 절망 가운데 머무는 인간이다.

그러나 비록 인간이 타락으로 인해 희망을 잃어버리고 절망 가운데 살아가게 되었지만, 그것이 성서가 말하는 이야기의 전부는 아니다. 인간의 절망 가운데서 하나님의 희망이 은혜의 형태로 나타나고 있었기 때문이다.

인간이 하나님께 죄를 지었을 때, 하나님이 그들에게 취하신 조치는 두 가지이다.

하나는 불순종에 대해 처벌하는 것이었다. 인간은 본래 하나님의 말씀을 듣도록 지음을 받았다. 그래서 하나님의 말씀을 듣지 않는 것은 불순종의 죄를 짓는 것이었다. 죄에는 책임이 따른다. 뿐만 아니라 하나님은 정의와 공의의 하나님이시기 때문에 죄를 묵인하실 수 없었다. 하나님이 죄를 다루시는 것은 자신의 창조세계가 샬롬의 세상이 되도록 하기 위해서다. 하나님의 뜻이 하늘에서와 같이 땅에서도 이루어지게 하기 위해서다. 그래서 하나님은 인간에게 죄에 대한 벌을 주셨다. 죄에 대한 처벌은 정의를 세우는 일이다.

다른 하나는 죄인들에게 은혜를 베푸신 것이다. "여호와 하나님이 아담과 그의 아내를 위하여 가죽옷을 지어 입히시니라" (창 3:21). 하나님은 그들의 존재를 없애고 새로운 인간을 지어 자신의 역사를 새롭게 써 가기를 원하지 않으셨다. 오히려 그들에게 은혜를 베푸시고 구원의 은혜를 통해 구원의 역사를 이루어 자신의 백성을 새롭게 형성하기를 원하셨다. 하나님의 이런 속내는 흔히 "원 복음"이라고 불리는 창세기 3장 15절에 분명하게 나타나있다. "내가 너(뱀으로 상징되는 사탄)로 여자와 원수가 되게 하고 네 후손도 여자의 후손과 원수가 되게 하리니 여자의 후손은 네 머리를 상하게 할 것이요 너는 그의 발꿈치를 상하게 할 것이니라."

하나님은 이 세상과 자신의 피조물인 인간을 결코 포기하지 않으신다. 이 세상을 새롭게 하시고 모든 인간이 구원을 받기를 원하시기 때문이다. 그래서 한없는 은혜를 베푸신다. 성서의 역사, 기독교의 역사는 바로 하나님의 은혜가 펼쳐지고 베풀어지는 이야기이다. 이러한 하나님의 역사는 셋, 에녹 그리고 노아의 계보를 통해서 개인적으로 그리고 내적으로 이어지다가, 마침내 하나님 자신이 선택하신 한 사람 아브라함과 이스라엘을 통해 더욱 구체화된다. 그리고 예수 그리스도 안에서 하나님을 섬기는 사람들과 교회를 통하여 계속해서 이어져 오늘에까지 이르게 되었다. 뿐만 아니라 하나님의 은혜의 역사는 예수 그리스도가 다시 오실 때까지 앞으로도 계속 이어질 것이며, 하나님의 사람들은 세상을 위한 하나님의 은혜와 복의 통로가 될 것이다.

* * *

왕이신 하나님은 세상을 아름답게 창조하셨고 자신의 형상을 따라 지으신 인간을 그 안에 두셨다. 세상을 아름답게 가꾸어가도록 하기 위해서였다. 그러나 인간은 그러한 하나님의 바람을 외면했다. 자기들도 하나님과 같이 되고자 하는 욕심으로 사탄의 편에 섰다. 결국 그들의 타락은 자신들에게는 죽음을, 창조세계에는 고통을 가져다주었다.

하지만 하나님은 인간과 창조세계의 아픔을 외면하지 않으시고 은혜를 베푸시기로 결정하셨다. 절망 가운데 있는 인간이 희망을 가질 수 있도록 은혜를 베푸신 것이다. 이처럼, 하나님의 은혜는 크고 놀랍다. 그러므로 우리가 하나님의 이름을 높이고 그분을 찬양하는 것은 당연하다.

3장

이스라엘의 출애굽: 하나님이 노예들을 해방시키시다

왕이신 하나님께 대한 인간의 죄의 결과와 영향은 혹독했고 깊었다. 하나님은 아담과 하와에게 미리 경고하신 것처럼 그들의 죄와 반항을 엄격하게 다루셨다. 죄로 말미암아 세상에 사망이 들어왔고, 그로 인해 인간은 영적으로 죽은 존재가 되었으며, 평생 동안 육신의 수고를 해야 먹고살 수 있게 되었다. 그 뿐만이 아니다. 인간의 죄와 더불어 땅이 저주를 받게 되었고, 창조세계 전체가 "썩어짐의 종노릇"(롬 8:21)을 하게 되었다.

그 후로, 인간의 역사는 두 방향으로 흐르게 되었다. 하나는 하나님의 뜻을 따르는 은혜의 길, 생명의 길이고, 다른 하나는 사탄의 뜻을 따르는 형벌의 길, 죽음의 길이다. 여기에는 중립이 없다. 모든 인간은 어느 쪽이든 둘 중 하나에 속한다. 물론,

그 결과도 다르다. 생명의 길을 가는 사람들은 "하나님의 나라"라고 불리는 영원한 기쁨에 이르게 되지만, 죽음의 길을 가는 사람들은 "지옥"이라고 불리는 영원한 고통에 이르게 된다. 그것이 바로 인간의 삶에 관해 성서가 가르치는 바다.

이런 점에서, 인간이 지옥에 가는 것은 하나님에 의해서가 아니다. 인간 자신에 의해서다. 하나님은 결코 인간을 지옥에 보내지 않으시며, 보내기를 원하지도 않으신다. 만일 그러셨다면, 하나님은 인간을 구원하시기 위해 아들을 보내셔서 십자가에 달려 고난을 당하다가 죽게 하지 않으셨을 것이다.

오히려 지옥은 인간 스스로 간다. 하나님의 생명에서 떠나 있는 인간은 영적으로 이미 죽은 존재이다. 영적인 관점에서 볼 때, 하나님과의 분리상태가 곧 영적 죽음이며, 하나님과의 영원한 분리가 곧 지옥이다.

물론, 하나님은 모든 인간이 은혜의 길, 생명의 길을 가기를 원하신다. 영원한 하나님의 나라에 들어가기를 원하신다. 그런 이유로, 비록 사망의 주인 사탄이 인간의 죄를 이용하여 인간과 세상에 사망과 고통을 가져다주었을지라도, 생명의 주이신 하나님은 인간과 세상에 생명과 복을 주실 것을 선포하셨다(그리고 실제로 주셨다). 자신의 풍성한 은혜를 사용하기로 하신 것이다. 그것은 인간과 세상을 낳으신 어버이로서의 하나님의 마음에서 비롯되었다.

그러나 비록 인류와 세상을 향한 하나님의 구원 계획이 궁극적으로는 전 인류와 창조세계 전체를 위한 것이었다 할지라도,

처음에 그것은 자신의 뜻을 따르는 각각의 사람들과의 개별적인 관계를 맺어 가는 과정에서 조금씩 현실화되어갔다(에녹이나 노아와 같은 사람들이 그 좋은 예다). 그리고 그것은 마침내 하나님 자신이 정하신 역사의 한 순간이 되었을 때, 후에 믿음의 조상이라고 불리게 되는 특별한 한 사람, 즉 아브라함을 통해 구체적으로 성취되기 시작했다. 그래서 아브라함에 대한 하나님의 부르심은 집단성 또는 공동체적 성격을 지닌다.

그런 점에서, 아브라함은 전 인류를 향한 하나님의 구원 계획의 구체적인 실현의 출발점이라고 할 수 있다. 그래서 윌리엄 샌포드 라솔(William Sanford LaSor)과 그의 동료들은 이렇게 말한다. "아브라함에 대한 부르심은 근본적인 새로운 전개를 시작한다. 하나님은 죄가 하나님과 세상 사이에 두었던 불화(breach)를 궁극적으로 해결하실 일련의 사건들을 시작하기 위해 역사 안에서 행하신다." 하나님은 자신의 구원 역사를 구체적으로 펼치시기 위해 아브라함을 부르신 것이다. 아브라함의 소명과 삶은 그런 맥락에서 이해되어야 바르다.

아브라함에서 요셉까지-하나님의 구원 계획안에 있는 삶

하나님과 세상을 위한 아브라함의 삶은 하나님의 부르심에서 비롯되었다. 하나님의 부르심을 받기 전에, 그는 갈대아 우르에서 아버지와 함께 살다가 아버지와 더불어 가나안으로 가던 중에 하란에 이르러 그곳에 거하고 있었다. 그때 하나님이 그들

찾아오셔서 그를 부르셨다. 하나님이 자신의 목적을 이루시기 위해 그의 삶에 개입하신 것이다.

> 여호와께서 아브람에게 이르시되 너는 너의 고향과 친척과 아버지의 집을 떠나 내가 네게 보여 줄 땅으로 가라 내가 너로 큰 민족을 이루고 네게 복을 주어 네 이름을 창대하게 하리니 너는 복이 될지라 너를 축복하는 자에게는 내가 복을 내리고 너를 저주하는 자에게는 내가 저주하리니 땅의 모든 족속이 너로 말미암아 복을 얻을 것이라 하신지라.**(창 12:1-3)**

아브라함은 하나님의 말씀을 따라 하란을 떠나 가나안으로 갔다. 라졸과 그의 동료들이 말하듯이, 아브라함이 하나님의 말씀에 순종하여 하란을 떠나 가나안으로 갈 때, "그는 한결같은 헌신으로 하나님을 따르기 위해 자신의 옛 종교 풍습들(ways)을 버렸다." 그리고 거기서 그는 하나님으로부터 "내가 이 땅을 네 자손에게 주리라"(창 12:7)는 말씀을 듣게 되었다. 하나님이 가나안 땅을 아브라함의 자손에게 주시겠다는 약속의 말씀이었다. 아브라함은 그 말씀을 듣고 거기서 하나님께 제단을 쌓았다. 예배를 드렸다.

아브라함에 대한 하나님의 부르심에는 하나님의 특별한 뜻과 계획이 담겨져 있었다. 아브라함 한 사람을 잘 되게 하는 것을 넘어 그를 통해 큰 민족을 이루고 그 민족을 통해 "땅의 모든 족속"이 복을 얻게 하는 것이었다. 실제로, 아브라함의 삶은 하나님의 그 뜻과 계획에 따라 영위되었다. 이와 관련하여, 존 드레인(John Drane)은 이렇게 쓴다.

> 아브라함의 이주는 단지 인구 통계적 변화(demographic changes)의 징조가 아니었다. 오히려 그것은 그의 삶에 대한 하나님의 계획의 불가결한 부분이었다. 그는 새로운 생활양식(lifestyle)을 가져야 할뿐만 아니라 큰 민족의 조상이 되어야 했다. 하나님은 그를 통해 '모든 족속이 복을 받게' 하실 것이다. 아브라함의 삶의 추진력은-그리고 그의 상속자들의 삶의 추진력도-온 세상과 그리고 세상 사람들과 자신의 사랑을 나누고자 하시는 사랑과 전능의 하나님의 의도였다.

아브라함에 대한 하나님의 약속은 그의 아들 이삭을 얻는 은혜를 통해 구체화되었다. 이삭은 그저 우연히 얻은 아들이 아니라 하나님의 구원 계획안에 있는 아들이었다. 아브라함과 사라가 나이 많아 자식을 얻을 수 없게 되었을 때, 하나님은 자신의 생산 능력(아브라함과 사라의 생산 능력이 아니라)에 근거하여 그들에게 아들을 주실 것을 약속하셨다. 그리고 하나님이 말씀하신 자신의 때가 되었을 때 아들을 주셨다.

> 하나님이 또 아브라함에게 이르시되 네 아내 사래는 이름을 사래라 하지 말고 사라라 하라 내가 그에게 복을 주어 그가 네게 아들을 낳아 주게 하며 내가 그에게 복을 주어 그를 여러 민족의 어머니가 되게 하리니 민족의 여러 왕이 그에게서 나리라…하나님이 이르시되

> 아니라 네 아내 사라가 정녕 네게 아들을 낳으리니 너는 그 이름을 이삭이라 하라 내가 그와 내 언약을 세우리니 그의 후손에게 영원한 언약이 되리라…내 언약은 내가 내년 이 시기에 사라가 네게 낳을 이삭과 세우리라.**(창 17:15-16, 19, 21)**

> 여호와께서 말씀하신 대로 사라를 돌보셨고 여호와께서 말씀하신 대로 사라에게 행하셨으므로 사라가 임신하고 하나님이 말씀하신 시기가 되어 노년의 아브라함에게 아들을 낳으니 아브라함이 그에게 태어난 아들 곧 사라가 자기에게 낳은 아들을 이름하여 이삭이라 하였고 그 아들 이삭이 난 지 팔일 만에 그가 하나님이 명하신대로 할례를 행하였더라.**(창 21:1-4)**

이삭은 하나님이 자신의 구원 사역을 위해 태어나게 하신 하나님의 사람이었다. 하나님이 아브라함에게 말씀하신 것처럼, 이삭은 하나님과 언약 관계 안에 있었다. 그리고 이삭을 통해 야곱이 이 세상에 왔다.

야곱은 자신의 형 에서와 더불어 하나님이 아버지 이삭의 기도를 들으시고 주신 아들이었다(창 25:21). 후에 야곱은 하나님의 천사와 겨루어 이김으로 "이스라엘"이란 이름을 얻게 되었다(창 32:28). 야곱은 처음에는 하나님이 보시기에 부적합한 사람이었다. 그러나 그는 점점 하나님의 사람다운 사람으로 변화되어 갔고, 마침내 하나님의 구원 사역에 크게 쓰임을 받게 되었다.

이처럼, 아브라함과 이삭과 야곱은 단순한 가계가 아니라 인류를 위한 하나님의 구원계획과 관계가 있는 가계였다. 아브라함과 이삭과 야곱의 삶은 하나님과 관계가 있는 삶이었다. 그런 이유로, 하나님은 자신을 가리켜 "아브라함과 이삭과 야곱의 하나님"이라고 하셨다.

뿐만 아니라 아브라함과 이삭과 야곱을 통한 하나님의 구원 사역은 야곱의 아들 요셉을 통해 계속적으로 이어졌다. 그러나 그는 자신을 시기하는 형들에 의해 노예로 팔려 강제로 애굽으로 가게 되었다. 그는 하나님이 아브라함에게 보여주시고 인도하신 땅, "내가 이 땅을 네 자손에게 주리라"라고 하신 약속의 땅에서 쫓겨나 낯선 땅으로 가게 된 것이다. 그러나 바로 그 땅에서 훗날 이스라엘 백성이라고 불리게 될 사람들이 형성되었다. 고난 속에서 강한 하나님의 백성이 나오게 된 것이다. 그러므로 고난이 있는 요셉의 삶이었지만, 그러한 그의 삶도 하나님의 인도와 섭리 안에 있었다고 분명하게 말할 수 있다.

요셉은 어릴 때에 꿈을 통해 자신을 향한 하나님의 계획을 분명하게 알게 되었다(창 37:5-11). 특히, 요셉은 어릴 때부터 하나님을 존중하고 경외하는 삶을 살았다. 그러한 그의 모습은 보디발의 아내가 자신을 유혹할 때 그 유혹을 물리치면서 했던 말속에 잘 나타나있다. "요셉이 거절하며 자기 주인의 아내에게 이르되…주인이 아무 것도 내게 금하지 아니하였어도 금한 것은 당신뿐이니 당신은 그의 아내임이라 그런즉 내가 어찌 이 큰 악을 행하여 하나님께 죄를 지으리이까"(창 39:8-9). 그리고 후에 자신을 팔았던 형들이 자신들의 아버지 야곱이 죽자 요셉이 자신들에게 보복할 것을 두려워할 때와 요셉 자신이 죽게 되었을 때, 그는 각각 이렇게 말했다. "당신들은 나를 해하려 하였으나 하나님은 그것을 선으로 바꾸사 오늘과 같이 만민의 생명을 구원하게 하시려 하셨나니 당신들은 두려워 마소서 내가 당신들과 당신들의 자녀를 기르리이다"(창 50:20-21). "나는 죽으나 하나님이 너희를 권고하시고 너희를 이 땅에서 인도하여 내사 아브라함과 이삭과 야곱에게 맹세하신 땅에 이르게 하시리라…하나님이 정녕 너희를 권고하시리니 너희는 여기서 내 해골을 메고 올라가겠다 하라"(24-25절).

요셉은 자신의 삶에 대한 하나님의 섭리와 인도를 분명하게 믿었고 또한 의식하고 있었다. 그는 애굽의 총리가 될 만큼 사람들에게 인정을 받았을 뿐만 아니라 하나님께도 인정을 받는 사람이 되었다. 그는 평생 동안 그와 같은 삶을 살면서 하나님께 귀하게 쓰임을 받았다. 뿐만 아니라 하나님의 구원 계획에 합당한 하나님의 사람으로 살아갔다.

요셉이 애굽의 국무총리가 되었을 때 그 지역과 주변 지역에 흉년이 들었다. 그것은 결과적으로 요셉과 그의 형제들을 만나게 해주는 계기가 되었는데, 덕분에 아버지 야곱도 만나게 되었다. 삶의 나쁜 상황이 역으로 그들에게는 복이 된 것이다. 말 그대로, "전화위복"이 된 것이다. 이처럼, 하나님은 "모든 것이 합력하여 선을"(롬 8:28) 이루게 하신다. 그것이 왕으로서의 하나님의 사역의 방법이다. 뿐만 아니라 하나님은 어떤 상황에서도 자신의 사람들과 함께 하시며 도우신다. 하나님은 임마누엘의 하나님이시기 때문이다.

야곱이 죽은 줄로만 알았던 아들 요셉을 만나러 갈 때, 하나님이 그에게 나타나셔서 이렇게 말씀하셨다. "나는 하나님이라 네 아버지의 하나님이니 애굽으로 내려가기를 두려워하지 말라 내가 거기서 너로 큰 민족을 이루게 하리라 내가 너와 함께 애굽으로 내려가겠고 반드시 너를 인도하여 다시 올라올 것이며 요셉이 그의 손으로 네 눈을 감기리라"(창 46:3-4). 그는 그 말씀을 듣고 애굽으로 내려가서 요셉을 만나 가족들과 함께 거기서 살았다. 야곱이 가나안에서 애굽으로 갈 때 자손들과 함께 가나안 땅에서 얻은 재물을 가지고 갔는데, 그곳으로 간 야곱의 가족의 수는 야곱을 포함하여 칠십명이었다(창 46:26-27).

이스라엘이 고통 중에 부르짖다

창세기의 마지막 장인 50장 마지막 절은 이렇게 쓰고 있다. "요셉이 백십 세에 죽으매 그들이 그의 몸에 향 재료를 넣고 애굽에서 입관하였더라"(26절). 하나님의 역사 안에 있는 창세기의 족장들의 이야기와 그들의 후손인 요셉의 이야기는 그렇게 끝이 난다. 그러나 왕으로서의 하나님의 역사 이야기는 그것이 전부가 아니었다. 그것은 출애굽기에서 새롭게 전개된다.

출애굽기는 자기 가족을 데리고 애굽으로 갔던 야곱과 그의 가족 그리고 그 나라의 국무총리였던 요셉이 죽고 이스라엘 자손들이 번성하여 강하고 온 땅에 가득하게 되었다는 이야기로부터 시작된다. 아브라함의 자손들이 번성하게 된 것은 하나님이 아브라함에게 주신 약속의 성취임에 틀림없다. 왕으로서의 하나님의 사역의 결과였다. 그리고 그것은 모든 민족을 위한 큰 민족을 이루게 되는 과정이었다.

그러나 그들은 요셉을 알지 못하는 새 왕에 의해 다스림을 받게 되었다. 그 왕은 이스라엘 백성이 많고 강한 것을 염려하여 그들이 자기 나라에 대항하지 못하도록 그들에게 어려운 노동을 하게 함으로 그들을 괴롭혔다. 하지만 그렇게 하면 할수록, 그들은 하나님의 계획과 섭리 안에서 더욱 번성했고 강해졌다.

문제는 이스라엘이 번성하고 강해질수록 그들에 대한 애굽 왕의 학대와 핍박도 심해졌다고 하는 것이다. 이스라엘 백성이 겪는 고통은 견디기 힘들만큼 컸다. 성서는 그와 같은 상황을 다음과 같이 묘사한다. "여러 해 후에 애굽 왕은 죽었고 이스라엘 자손은 고된 노동으로 말미암아 부르짖는 소리가 하나님께 상달된지라" (출 2:23). 이것이 그 당시 이스라엘이 처한 현실이었다.

하나님은 그러한 그들의 부르짖음을 외면하지 않으셨다. 들으시고 응답하셨다. "하나님이 그 고통 소리를 들으시고 아브라함과 이삭과 야곱에게 세운 그 언약을 기억하사 이스라엘 자손을 권념하셨더라" (창 2:24-25). 그 일을 위해 하나님은 모세를 부르셨다. 그리고 사명을 주셨다.

내가 애굽에 있는 내 백성의 고통을 정녕히 보고 그들이 그 간역자로

> 인하여 부르짖음을 듣고 그 우고를 알고 내가 내려와서 그들을 애굽인의 손에서 건져내고 그들을 그 땅에서 인도하여 아름답고 광대한 땅, 젖과 꿀이 흐르는 땅 곧 가나안 족속, 헷 족속, 아모리 족속, 브리스 족속, 히위 족속, 여부스 족속의 지방에 이르려 하노라 이제 이스라엘 자손의 부르짖음이 내게 달하고 애굽 사람이 그들을 괴롭게 하는 학대도 내가 보았으니 이제 내가 너(모세)를 바로에게 보내어 너로 내 백성 이스라엘 자손을 애굽에서 인도하여 내게 하리라.**(출 3:7-10)**

결국 하나님은 자신이 하신 말씀대로 모세를 선택하시고 바로에게 보내셨다. 그리고 그를 통해 자신의 백성을 보내지 않으려는 바로와 애굽에 열 가지 재앙을 내리신 후에, 이스라엘 백성을 애굽에서 이끌어 내시고 약속의 땅, 젖과 꿀이 흐르는 땅인 가나안을 향해 가게 하셨다.

우리는 애굽에서 고통을 당하는 이스라엘 백성의 부르짖는 소리를 들으시고 모세를 부르셔서 그에게 출애굽을 약속하시는 하나님의 말씀을 통해 우리의 신앙생활과 관련하여 두 가지 중요한 사실을 확인 받게 된다.

첫째, 하나님은 자신의 백성의 소리, 즉 우리의 부르짖는 기도의 소리를 들으신다고 하는 것이다. 이것은 우리의 기도생활의 근거이다. 하나님이 우리의 기도를 들으시기 때문에 우리가 기도하는 것이다. 만일 하나님이 우리의 기도에 귀를 기울이지 않으신다면, 우리는 기도할 이유와 근거를 잃어버리게 된다. 그러나 하나님은 분명 우리의 기도를 들으시며, 우리가 기도를 하면 우리의 기도를 들으신다고 말씀을 통해 약속해 주셨다. "너는 내게 부르짖으라 내가 네게 응답하겠고 네가 알지 못하는 크고 비밀한 일을 네게 보이리라"(렘 33:3).

이것이 우리가 기도를 하는 또 하나의 이유이다. 즉 하나님은 우리의 기도를 들으시고 그 기도에 따라 행하신다는 것이다. 하나님은 이스라엘 백성의 부르짖는 기도를 듣기만 하신 것이 아니다. 그 기도에 따라 행하시기도 했다. 그들의 기도에 응답하시고 그들을 노예생활에서 자유롭게 해 주신 것이다. 해방시키신 것이다. 이처럼, 하나님은 분명 우리의 기도를 들으시고 응답하시는 주님이다.

출애굽-하나님과 함께 애굽을 떠나다

이스라엘 백성은 하나님이 세우신 자신들의 지도자 모세와 함께 애굽을 떠났다. 그러나 더 근본적으로는 모세와 떠난 것이 아니라 하나님과 함께 떠난 것이다. 왜냐하면 출애굽의 시작과 끝 그리고 그 모든 과정을 계획하고 이끄신 분은 바로 해방자 하나님이셨기 때문이다. 그래서 출애굽 사건에서 중요한 것은 모세가 아니었다. 그렇다고 이스라엘 백성도 아니었다. 그것은 오직 왕으로서의 하나님과 그분의 역사적 행위였다. 왕의 사역이었다. 하나님이 이스라엘을 애굽에서 해방시키신 주체였던 것이다. 이와 관련하여, 헨리 잭슨 플랜더스(Henry Jackson Flanders, Jr.)와 그의 동료들은 이렇게 말한다.

하나님의 이 출현(출 3:4-21)을 통해 모세는 노예생활을 하던 이스라엘을 애굽에서 해방시키시려는 하나님의 목적을 분명하게(intently) 깨닫고, 그 드라마 속의 저항할 수 없는 임무에 몸을 내맡긴다. 모세는 바로에게 돌아가 자신의 동족을 자유로 이끄는 것이다. 처음에 모세는 "내가 누구이기에 바로에게 가며 이스라엘 자손을 애굽에서 인도하여 내리이까"(출 3:11)라고 말하면서 불복하지만, "내가 반드시 너와 함께 있으리라 네가 백성을 애굽에서 인도하여 낸 후에 너희가 이 산에서 하나님을 섬기리니 이것이 내가 너를 보낸 증거니라"(12절)라고 말씀하시는 하나님의 확언을 듣고는 승복한다. 따라서 하나님의 대답은 그 물음을 바꾸어 놓는다. 그것은, 모세는 누구인가가 아니라 하나님은 누구이시며 하나님은 무엇을 하시려고 하는가의 문제이다. 그 선지자(모세)의 타당성은 그를 보내시고 그와 함께 하시리라고 약속하시는 하나님의 타당성에 의존하고 있다. 그 모험의 성공은 모세의 수단에 의존하는 것이 아니라 하나님에 의해 보장을 받는다. 게다가 하나님에 대한 이 의존의식은 이스라엘 신앙의 근본적인 단언을 나타낸다. 이스라엘의 특성은 그 자신의 가치나 업적이 아니라 야훼의 창조적, 구속적 임재(presence)의식이며 그 임재에 대한 응답이다.

따라서 하나님의 역사적 행위에서 중요한 것은 하나님의 부르심을 받아 쓰임을 받은 사람이 누구인가가 아니라 그를 부르셔서 일하게 하시는 하나님이 누구이신가 하는 것이다. 사람이 중요한 것이 아니라 하나님이 중요하신 것이다. 우리는 그것을 분명하게 깨달을 필요가 있다.

출애굽은 이스라엘 민족의 구체적인 형성의 출발점이며 이스라엘 역사에서 매우 근본적인 사건이다. 출애굽 사건은 하나님이 인간의 역사를 다스리실 뿐만 아니라 역사 가운데서 행하시는 분임을 가장 분명하게 보여주는 사건 중 대표적인 것이다. 하나님이 함께 하지 않으셨다면 그리고 하나님의 손에 의한 출애굽이 없었다면, 민족다운 민족으로서의 이스라엘도 없었을 것이다. 플랜더스와 그의 동료들은 이렇게 말한다.

> 출애굽기는 히브리 성서(the Hebrew Bible) 전체에 대한 이해에 중심이 되는 드라마를 서술한다. 그 드라마는 이스라엘 백성을 이집트의 노예 생활에서 해방시키시는 야훼(Yahweh)의 행위였다. 출애굽 사건은 구속의 행위였다는 이스라엘의 믿음은 그 민족이 기억하는 모든 것에 의미와 가치를 제공했다. 이스라엘에게 있어서, 출애굽 사건은 기독교에 있어서 화육(incarnation)의 사건과 마찬가지로 역사의 가장 중요한 점이었다.

같은 맥락에서, 출애굽 사건은 "그들(이스라엘)의 신앙의 중심점이 되었다. 그것은 그들에게 하나님은 역사 안에서 활동하신다는 것을 상기시켜주었을 뿐만 아니라 그 활동의 본질(nature)에 대한-따라서 하나님 자신의 성격에 대한-독특한 통찰을 제공했다"라고 드레인은 말한다.

그런 이유로, 이스라엘 백성에게 있어서 출애굽 사건은 전능하신 왕의 사역으로 결코 잊을 수 없는, 아니 결코 잊어서는 안 되는 살아 있는 역사였다. 왜냐하면 그것은 그들의 정체성에 대한 이해의 바탕이었기 때문이다. 그리고 하나님 역시 자신이 이스라엘 백성을 위해 역사 속에서 행하신 일을 그들이 잊지 않기를 바라셨다. 모세는 이렇게 설교했다. "너는 조심하여 너를 애굽 땅 종 되었던 집에서 인도하여 내신 여호와를 잊지 말고 네 하나님 여호와를 경외하며 섬기며 그 이름으로 맹세할 것이니라"(신 6:12-13). 분명, 하나님의 사람들은 자신들을 위해 행하신 하나님의 역사적 행위를 늘 잊지 않도록 해야 한다. 그래야 믿음과 감사를 잃어버리지 않을 수 있게 된다. 하나님을 섬기는 삶을 잃어버리지 않을 수 있게 된다.

이스라엘의 출애굽 사건이 우리에게 상기시켜주는 하나님에 관한 두 가지 중요한 사실이 있다.

첫째, 하나님은 역사의 하나님이시라는 것이다. 하나님은 역사 안에서 활동하시며 역사를 주관하시는 분이다. 하나님은 인간의 역사와 무관하지 않으시다. 비록 때때로 인간의 역사가 무질서하게 그리고 인간의 힘에 의해 진행되어 가는 것처럼 느껴질 때가 있을지라도, 역사는 언제나 하나님의 손안에 있다. 왕으로서의 하나님의 다스림 안에 있다. 하나님이 역사를 다스리신다.

둘째, 하나님은 자신의 백성을 돌보시는 분이라는 사실이다. 그런 이유로, 하나님은 이스라엘 백성을 애굽의 노예생활에서 해방시키셨다. 하나님은 자신이 택한 백성을 고아와 같이 버려두지 않으신다. 예수님은 자신의 백성, 자신의 자녀에 대한 아버지 하나님의 돌보심을 다음의 말씀으로 분명하게 가르치셨다.

> 내가 너희에게 이르노니 목숨을 위하여 무엇을 먹을까 무엇을 마실까 몸을 위하여 무엇을 입을까 염려하지 말라 목숨이 음식보다 중하지 아니하며 몸이 의복보다 중하지 아니하냐 공중의 새를 보라 심지도 않고 거두지도 않고 창고에 모아들이지도 아니하되 너희 하늘 아버지께서 기르시나니 너희는 이것들보다 귀하지 아니하냐 너희 중에 누가 염려함으로 그 키를 한 자라도 더할 수 있겠느냐 또 너희가 어찌 의복을 위하여 염려하느냐 들의 백합화가 어떻게 자라는가 생각하여 보라 수고도 아니하고 길쌈도 아니하느니라 그러나 내가 너희에게 말하노니 솔로몬의 모든 영광으로도 입은 것이 이 꽃 하나만 같지 못하였느니라 오늘 있다가 내일 아궁이에 던져지는 들풀도 하나님이 이렇게 입히시거든 하물며 너희일까 보냐 믿음이 적은 자들아 그러므로 염려하여 이르기를 무엇을 먹을까 무엇을 마실까 무엇을 입을까 하지 말라 이는 다 이방인들이 구하는 것이라 너희 하늘 아버지께서 이 모든 것이 너희에게 있어야 할 줄을 아시느니라 그런즉 너희는 먼저 그의 나라와 그의 의를 구하라 그리하면 이 모든 것을 너희에게 더하시리라 그러므로 내일 일을 위하여 염려하지 말라 내일 일은 내일 이 염려할 것이요 한 날의 괴로움은 그날에 족하니라.**(마 6:25-34)**

하나님은 역사의 주(Lord)요 자신의 백성을 돌보시고 해방시키시는 분이라는 사실은 오늘 우리에게도 동일하게 적용된다. 우리는 그분의 돌보심 안에서 살아가고 있다. 하나님은 여전히 역사 안에서 활동하시면서 인간과 세상을 사탄의 권세와 죄의 억압에서 해방시키시고 계신다. 왕의 사역으로서의 그 일은 하나님의 나라가 완성될 때까지 계속될 것이다.

하나님이 이스라엘과 언약을 맺으시다

하나님의 인도를 따라 모세와 함께 애굽을 나온 이스라엘 백성은 시내 광야에 이르러 시내산(Mt. Sinai) 앞에 장막을 쳤다. 그리고 모세는 하나님 앞에 올라갔고, 하나님은 그를 불러 이렇게 말씀하셨다.

> 너는 이같이 야곱의 집에 말하고 이스라엘 자손들에게 말하라 내가 애굽 사람에게 어떻게 행하였음과 내가 어떻게 독수리 날개로 너희를 업어 내게로 인도하였음을 너희가 보았느니라 세계가 다 내게 속하였나니 너희가 내 말을 잘 듣고 내 언약을 지키면 너희는 모든 민족 중에서 내 소유가 되겠고 너희가 내게 대하여 제사장 나라가 되며 거룩한 백성이 되리라 너는 이 말을 이스라엘 자손에게 전할지니라.(출 19:3-6)

그 말씀을 들은 모세는 백성의 장로들에게 하나님의 말씀을 전했고, 백성은 일제히 "여호와께서 명령하신 대로 우리가 다 행하리이다"(8절)라고 말했다. 모세는 그것을 하나님께 전했다.

하나님은 모세를 통해 그들의 헌신의 다짐을 들으시고 그들에게 강림하셨다. 그리고는 모세를 산으로 불러 십계명을 포함하여 그들이 지켜야 할 법을 이스라엘 백성에게 주셨다. 그런 다음, 이스라엘 장로 칠십 명을 부르시고 모세를 대표로 언약을 세우셨다. 모세는 산 아래에 제단을 쌓고 소를 여호와께 번제와 화목제물로 드리고 그 피를 가지고 절반은 제단에 뿌리고는 언약서를 읽었다. 이에 이스라엘 백성은 "여호와의 모든 말씀을 우리가 준행하리이다"(출 24:7)라고 맹세했고, 모세는 그 피를 가지고 이스라엘 백성에게 뿌리면서 "이는 여호와께서 이 모든 말씀에 대하여 너희와 세우신 언약의 피니라"(8절)라고 말함으로 언약식을 끝맺었다. 이스라엘 백성이 하나님의 언약 백성으로 태어나는 역사적인 순간이었다. 동시에 하나님이 아브라함에게 하신 약속이 구체화되는 순간이었다.

이런 점에서, 하나님의 백성으로서의 이스라엘의 형성에는 출애굽 사건과 시내산 계약이라는 두 요소가 결정적이었다고 할 수 있다. 이와 관련하여, 라솔과 그의 동료들은 이렇게 말한다. "그 책(출애굽기)은 이스라엘 역사에서 매우 중요한 두 가지 신적 행위(divine acts)를 중심으로 전개된다. 하나님은 강한 능력으로 자신의 백성을 애굽의 노예생활에서 해방시키시고(1:1-18:26), 시내산에서 그들과 언약을 맺으셨다(19:1-40:38)." 그리고 플랜더스와 그의 동료들은 이렇게 말한다.

> 출애굽 사건은 이스라엘의 신학적 전통의 핵심이다. **야훼가 이스라엘을 애굽에서 불러내셨다.** 이것은 언제나 이스라엘 신앙의 근본적인 표현이었다…출애굽은 이스라엘의 기원에 관한 신앙의 고백이었다. 서로 관련되어 있는 주제들인 **출애굽**과 **시내산 언약**(Covenant at Sinai)은 출애굽기를 가득 채우며, 이스라엘의 기원의 이야기들과 모든 이스라엘 신앙의 핵심을 형성한다.

같은 맥락에서, 드레인은 이렇게 말한다.

> 대부분의 다른 민족들과 같이, 이스라엘도 후에 다른 인종적, 문화적 배경을 가진 사람들을 흡수하고 받아들였다. 그러나 이스라엘이 하나님과 자신들의 독특한 관계를 추적해 올라가면 이 사건-출애굽-과 이 그룹의 조상들(모세와 애굽에서 노예생활을 했던 사람들)에게 이르게 되었다. 출애굽은 그 이야기의 시작에 불과했다. 왜냐하면 탈출하는 노예들이 시내산에 도착한 후에야 이 모든 것의 완전한 영향과 의미가 그들에게 명백하게 되었기 때문이다. 애굽으로부터의 탈출이 그 이후 이스라엘의 민족 의식의 핵심을 형성한 것처럼, 시내산에서의 사건들은 그들의 종교적 태도(outlook)에 결정적인 요인이 되었다. 왜냐하면 여기 엄숙한 집회에서, 탈출하는 노예들은 자신들이 야훼와 그분의 종 모세에게 빚을 지고 있음을 인정했고, 그분을 섬기고 예배할 것을 맹세했다. 그 경험의 실체는 거룩한 산에 계신 하나님의 임재에 대한 극적인 묘사에서 발견되지 않는다. 경외심을 갖게 하는 이 의식의 중심적인 특징은 하나님이 이스라엘에게 하신 약속이며 이스라엘이 답례로서 받아들인 의무들이었다.
>
> 노예가 된 자신의 백성에 대한 하나님의 돌보심과 관심은 그들이 그것을 깨닫기 전에도 이미 작용하고 있었다. 애굽으로부터의 탈출은 그들에 대한 하나님의 목적들의 정점이었다. 그리고 이 때로부터 그 중요한 사건에 대한 기억과 그것에 내린 이스라엘의 응답은 이스라엘의 국민적 삶을 지배하게 되었다.

이처럼, 이스라엘 백성에게 시내산 언약은 아주 특별한 은혜이면서 책임이었다. 뿐만 아니라 이스라엘 백성에게 시내산 언약이 중요했던 것은 그들이 그 언약을 지키며 사느냐 그렇지 않느냐에 따라 하나님의 택함 받은 언약 백성으로서의 그들의 신분과 정체성의 유지가 결정되었기 때문이다. 그리고 시내산 언약은 하나님의 구원 계획과도 밀접하게 연관되어 있었다. 즉 이스라엘 백성이 하나님과의 언약을 제대로 지키면, 그들은 하나님의 구원 계획을 위해 제대로 쓰임 받는 백성이 될 수 있었지만, 그렇지 않을 경우에는 버림을 받을 수 있었기 때문이다.

시내산 언약은 쌍방적이면서 조건적이고 응답적이었다. 앤더슨은 이렇게 말한다.

> 다음의 세 단락(출 19:3-6; 20:1-17; 24:3-8)은 함께 고려되어야 한다. 왜냐하면 그것들은 이스라엘을 위한 하나님의 개입에 대한 그들의 응답을 다루기 때문이다. 여기에서 우리는 성서 드라마의 중심적 모티프인 언약과 만나게 된다(구약 Old Testament는 실제로 "구 언약" Old Covenant를 의미하고, 신약 New Testament는 "새 언약" New Covenant를 의미한다). 결혼 서약에서와 같이, 이 성서 언약은 결단과 신뢰에 근거한 인격적인 관계이다. 그러나 결혼 서약과는 달리, 그것은 성격상 더 일방적이다. 왜냐하면 그것은 동등하지 않은 존재들(unequals)-하나님과 사람들-사이의 언약이기 때문이다. 언약을 "만들"거나 "주시는" 분은 하나님이시며, 이스라엘은 감사와 존경과 충성으로 (그것에) 응답한다.

그래서 어느 한쪽이 언약을 깨면, 그것은 깨질 수밖에 없었다. 특히, 그 언약은 이스라엘 백성이 하나님 앞에서 어떻게 하느냐에 따라 그 결과가 달라졌다. 하나님이 분명하게 말씀하신 것처럼, 이스라엘이 하나님의 소유가 되고 하나님께 대해 제사장 나라가 되며 거룩한 백성이 되려면, 그들은 하나님의 말씀을 잘 듣고 하나님과 맺은 언약을 잘 지켜야 했다. 이와 관련하여, 모세는 이렇게 설교했다.

> 내가 오늘날 명하는 모든 명령을 너희는 지켜 행하라 그리하면 너희가 살고 번성하고 여호와께서 너희의 열조에게 맹세하신 땅에 들어가서 그것을 얻으리라 네 하나님 여호와께서 이 사십년 동안에 너로 광야의 길을 걷게하신 것을 기억하라 이는 너를 낮추시며 너를 시험하사 네 마음이 어떠한지 그 명령을 지키는지 아니 지키는지 알려하심이라 너를 낮추시며 너로 주리게 하시며 또 너도 알지 못하며 네 열조도 알지 못하던 만나를 네게 먹이신 것은 사람이 떡으로만 사는 것이 아니요 여호와의 입에서 나오는 모든 말씀으로 사는 줄을 너로 알게하려 하심이니라 이 사십년 동안에 네 의복이 해어지지 아니하였고 네 발이 부릍지 아니하였느니라 너는 사람이 그 아들을 징계함 같이 네 하나님 여호와께서 너를 징계하시는 줄 마음에 생각하고 네 하나님 여호와의 명령을 지켜 그 도를 행하며 그를 경외할지니라.(신 8:1-6)

> 보라 내가 오늘날 생명과 복과 사망과 화를 네 앞에 두었나니 곧 내가 오늘날 너를 명하여 네 하나님 여호와를 사랑하고 그 모든 길로 행하며 그 명령과 규례와 법도를 지키라 하는 것이라 그리하면 네가 생존하며 번성할 것이요 또 네 하나님 여호와께서 네가 가서 얻을 땅에서

네게 복을 주실 것임이니라 그러나 네가 만일 마음을 돌이켜 듣지 아니하고 유혹을 받아서 다른 신들에게 절하고 그를 섬기면 내가 오늘날 너희에게 선언하노니 너희가 반드시 망할 것이라 너희가 요단을 건너가서 얻을 땅에서 너희의 날이 장구치 못할 것이니라 내가 오늘날 천지를 불러서 너희에게 증거를 삼노라 내가 생명과 사망과 복과 저주를 네 앞에 두었은즉 너와 네 자손이 살기 위하여 생명을 택하고 네 하나님 여호와를 사랑하고 그 말씀을 순종하며 또 그에게 부종하라 그는 네 생명이시요 네 장수시니 여호와께서 네 열조 아브라함과 이삭과 야곱에게 주리라고 맹세하신 땅에 네가 거하리라.(신 30:15-20)

그러나 불행하게도 이스라엘 백성은 하나님과의 언약을 바르게 지킨 적이 거의 없었다. 가깝게는 그들이 하나님과 언약을 맺고 약속의 땅을 향해 가는 광야의 시간 동안 그 언약을 저버렸다. 멀게는 가나안 땅에 들어간 그들의 후손들이 그 언약을 가벼이 여기고 하나님의 말씀을 떠나 우상을 숭배하며 하나님 사랑과 이웃 사랑을 제대로 실천하지 않게 되었다. 그로 인해 그들은 결국 하나님께 버림을 받게 되었다. 예루살렘 성과 성전은 파괴되고, 이스라엘 백성은 바벨론에 포로로 잡혀가게 되었다. 그리고 마침내 하나님은 성자 예수 그리스도를 보내주셔서 십자가에 달려 죽게 하심으로 인간을 구원하게 하셨고, 새 이스라엘, 즉 교회를 형성하게 하셨다. 그런 점에서, 교회는 새 언약의 공동체다. 그래서 예수님은 제자들과 함께 만찬을 하실 때 잔을 주시면서 "이 잔은 내 피로 세우는 새 언약이니 곧 너희를 위하여 붓는 것이라"(눅 22:20)라고 말씀하셨다.

비록 언약 백성으로서의 이스라엘이 바보같이 계속해서 하나님의 말씀을 저버렸을지라도, 하나님은 그들을 애굽으로 돌려보내거나 광야에 내버려두지 않으시고 계속해서 약속의 땅으로 이끌어 가셨다. 하나님은 그들에게 다시 시작할 수 있는 기회를 주셨고 언약에 따라 살아갈 수 있는 은혜를 베풀어주셨다.

광야의 시간–애굽과 가나안 사이에서

시내산에서 하나님과 언약을 맺은 이스라엘 백성은 그 언약에 근거하여 약속의 땅인 가나안을 향하여 나아갔다. 그러나 그들은 홀로 가지 않았다. 그들은 자신들을 애굽에서 해방시키시고 자신들과 언약을 맺으신 하나님과 함께 갔다. 불기둥과 구름기둥은 그러한 사실을 보여주는 중요한 표징이다. 하나님은 이스라엘 중에 계시면서 "낮에는 구름기둥 가운데서, 밤에는 불기둥 가운데서 그들 앞에서 행하"셨다(민 14:14). 특히, 성막과 언약궤는 이스라엘 백성 가운데 함께 하시던 하나님의 임재의 상징이었다. 그것은 보이지 않는 하나님이 이스라엘과 함께 하고 계심을 나타내주는 강력한 증거였다.

그러나 문제는 하나님이 함께 하심에도 불구하고 이스라엘 백성이 하나님의 말씀을 어기고 언약을 깨는 행위를 계속했다는 것이다. 그것에 대한 예가 바로 송아지 형상을 만들어 그것을 자신들의 가시적인 신으로 삼은 사건이었다. 그것은 결국 하나님의 큰 진노를 가져왔다(출 32-34장). 뿐만 아니라 가나안 땅에 들어가기 직전에 하나님을 멸시하고 불신함으로 말미암아 이스라엘 백성은 열흘 남짓 걸리는 광야 길의 여정을 사십 년이란 긴 시간을 보낸 후에야 끝낼 수 있게 되었다. 하나님이 그들에게 벌을 주셨고 훈련을 시키신 것이다. 게다가 출애굽 1세대들은 여호수아와 갈렙을 제외하고 가나안 땅에 들어가지 못하게 되었다.

이스라엘이 걸어간 광야의 길은 우리 그리스도인들에게도 중요한 점을 시사해 준다. 크게 세 가지로 설명될 수 있다.

첫째, 광야의 길은 우리의 인생길과도 같다는 것이다. 우리는 애굽이라는 죽음의 자리에서 가나안(하나님의 나라)이라는 생명의 자리를 향해 순례해 갈 때 필연적으로 이 세상이라는 광야의 길을 지나가게 된다.

둘째, 이스라엘 백성이 광야의 길을 걸어갈 때 하나님이 함께 하셨던 것처럼, 동일하신 그 하나님은 오늘 우리와도 함께 하신다는 것이다. 특히, 그 하나님은 성자 예수 그리스도를 통해서 그리고 보혜사 성령을 통해서 함께 하신다. 예수님은 각각 이렇게 말씀하셨다. "볼지어다 내가 세상 끝 날까지 너희와 항상 함께 있으리라 하시니라"(마 28:20). "내가 아버지께 구하겠으니 그가 또 다른 보혜사를 너희에게 주사 영원토록 너희와 함께 있게 하시리니 저는 진리의 영이라 세상은 능히 저를 받지 못하나니 이는 저를 보지도 못하고 알지도 못함이라 그러나 너희는 저를 아나니 저는 너희와 함께 거하심이요 또 너희 속에 계시겠음이라"(요 14:16-17).

셋째, 우리가 믿음의 길을 가는 동안 하나님께 죄를 지을 때 그분은 우리에게 벌을 내리시기도 하며, 때로는 우리로 하여금 더 강한 믿음의 사람들이 되도록 훈련을 시키시기도 한다는 것이다. 물론, 그 모든 것은 우리를 위한 것이다. 욥은 그것을 다음과 같이 고백했다. "내가 가는 길을 그가 아시나니 그가 나를 단련하신 후에는 내가 순금 같이 되어 나오리라"(욥 23:10). 하나님에 의해 단련된 믿음의 사람들은 순금 같이 정결하게 되며 어떤 상황에서도 한결 같이 믿음의 길을 갈 수 있게 된다.

* * *

하나님은 이스라엘 백성을 애굽에서 해방시키시고 그들과 언약을 맺으심으로 자신의 백성을 삼으셨다. 그것은 분명 왕으로서의 하나님의 역사적 행위였다. 다시 말해서, 이스라엘이란 나라는 전적으로 하나님의 해방하시는 왕의 사역에 근거하여 존재하게 되었다. 하나님이 계시기에 이스라엘이 있게 되었고, 하나님이 이스라엘을 해방시키셨기에 그들이 지금까지 하나의 민족으로, 하나의 나라로 존재하게 된 것이다. 그리고 그 하나님이 예수 그리스도를 이 땅에 보내주셔서 죄와 사망에서 우리를 해방시키시고 그분을 통해 새 언약을 맺게 하심으로 우리를 하나님 나라의 백성으로 삼아주셨다. 그래서 우리는 구원받은 하나님의 백성, 즉 새 이스라엘이다. 우리 모두 이 귀한 신분을 소중히 여기면서 인생길을 가고, 결국에는 하나님의 나라에 이르기를 소망한다.

4장

하나님의 못난 백성:
이스라엘이 약속의 땅에서 하나님을 저버리다

하나님의 인도를 받으며 모세와 함께 애굽을 나와 시내산에 이르고 거기서 하나님과 함께 언약을 맺은 이스라엘 백성은 약속의 땅 가나안을 향해 나아갔다. 이스라엘이 광야길을 가는 동안, 하나님은 만나와 메추라기로 그들을 먹이시면서 그들이 굶주리지 않고 계속해서 순례 여행을 해 갈 수 있게 해 주셨다.

이것은 하나님이 역사 속에서 행하신다는 사실, 즉 이스라엘 백성의 삶에 함께 하고 계셨음을 보여주는 중요한 하나의 예이다. 하나님은 비록 그들이 약속의 땅을 향해 가는 과정에서 언약을 깨고 우상을 만들어 섬기고 하나님의 말씀을 어기는 죄를 범했을 때 벌을 주셨을지라도 그들을 버리거나 포기하지 않으셨다. 그들은 왕이신 하나님이 인류의 구원과 복을 위해 택하신 백성이었기 때문이다.

이스라엘 백성이 바란 광야에 이르렀을 때, 하나님은 모세를 부르셔서 각 지파 중에서 족장 된 자 한 사람씩을 보내어 가나안 땅을 탐지하게 하셨다(민 13:1). 모세는 하나님의 명령에 따라 그들을 가나안 땅으로 보냈다. 그후 사십일 동안 그 땅을 탐지하고 돌아온 열두 명의 사람들 가운데 여호수아와 갈렙을 제외하고는 모두 가나안 땅을 정복하는 것이 불가능하다는 부정적인 보고를 했다. 자신들의 능력으로는 가나안 사람들을 정복하는 것이 무리라는 것이었다. 그러나 그들은 가나안 땅을 점령하는 것이 하나님의 능력 안에 있는 일임을 망각했다. 자신들이 출애굽 사건에서 하나님의 놀라운 역사적 행위를 직접 경험했음에도 불구하고 말이다.

그들의 보고를 들은 이스라엘 백성은 곡을 하면서 모세와 아론 그리고 하나님을 원망했다. 그로 인해 여호수아와 갈렙을 제외하고 정탐을 하고 온 사람들은 여호와 앞에서 재앙으로 죽고, 이스라엘은 하나님으로부터 책망과 징벌을 받게 되었다. "나 여호와가 말하였거니와 모여 나를 거역하는 이 악한 온 회중에게 내가 반드시 이같이 행하리니 그들이 이 광야에서 소멸되어 거기서 죽으리라"(민 14:35). 이스라엘 백성이 책망을 받은 것은 그들이 하나님을 거역하고 신뢰하지 못하며 불순종했기 때문이다.

여호수아가 모세의 뒤를 이어 이스라엘을 이끌다

모세는 40년이란 긴 시간을 광야를 걸으며 생활했던 이스라엘 백성과 함께 드디어 약속의 땅 가나안 입구에 이르게 되었다. 그러나 불행하게도 정작 모세 자신은 가나안 땅에 들어가지 못하고 바로 그 앞에서 죽음을 맞이하게 되었다. 하나님은 모세에게 이렇게 말씀하셨다.

> 너는 여리고 맞은편 모압 땅에 있는 아바림산에 올라가 느보 산에 이르러 내가 이스라엘 자손에게 기업으로 주는 가나안 땅을 바라 보라 네 형 아론이 호르 산에서 죽어 그의 조상에게로 돌아간 것 같이 너도 올라가는 이 산에서 죽어 네 조상에게로 돌아가리니 이는 너희가 신 광야 가데스의 므리바 물 가에서 이스라엘 자손 중 내게 범죄하여 내 거룩함을 이스라엘 자손 중에서 나타내지 아니한 까닭이라 네가 비록 내가 이스라엘 자손에게 주는 땅을 맞은 편에서 바라보기는 하려니와 그리로 들어가지는 못하리라.**(신 32:49-52)**

그리고 모세가 "모압 평지에서 느보 산에 올라가 여리고 맞은편 비스가 산꼭대기에" 이르렀을 때, 하나님은 그에게 "길르앗 온 땅을 단까지 보이시고 또 온 납달리와 에브라임과 므낫세의 땅과 서해까지의 유다 온 땅과 네겝과 종려나무의 성읍 여리고 골짜기 평지를 소알까지 보이시고" 이렇게 말씀하셨다. "이는 내가 아브라함과 이삭과 야곱에게 맹세하여 그의 후손에게 주리라 한 땅이라 내가 네 눈으로 보게 하였거니와 너는 그리로

건너가지 못하리라." 하나님의 말씀대로 모세는 모압 땅에서 죽어 그곳에 있는 "골짜기에 장사되었고 오늘까지 그의 묻힌 곳을 아는 자"가 아무도 없다(신 34:1-6).

하나님의 종 모세가 죽은 다음, 하나님은 모세의 수종자였던 눈의 아들 여호수아를 불러 이렇게 말씀하셨다.

> 내 종 모세가 죽었으니 이제 너는 이 모든 백성과 더불어 일어나 이 요단을 건너 내가 그들 곧 이스라엘 자손에게 주는 그 땅으로 가라 내가 모세에게 말한 바와 같이 너희 발바닥으로 밟는 곳은 모두 내가 너희에게 주었노니 곧 광야와 이 레바논에서부터 큰 강 곧 유브라데 강까지 헷 족속의 온 땅과 또 해 지는 쪽 대해까지 너희의 영토가 되리라 네 평생에 너를 능히 대적할 자가 없으리니 내가 모세와 함께 있었던 것 같이 너와 함께 있을 것임이니라 내가 너를 떠나지 아니하며 버리지 아니하리니 강하고 담대하라 너는 네가 그들의 조상에게 맹세하여 그들에게 주리라 한 땅을 이 백성에게 차지하게 하리라 오직 강하고 극히 담대하여 나의 종 모세가 네게 명령한 그 율법을 다 지켜 행하고 우로나 좌로나 치우치지 말라 그리하면 어디로 가든지 형통하리니 이 율법책을 네 입에서 떠나지 말게 하며 주야로 그것을 묵상하여 그 안에 기록된 대로 다 지켜 행하라 그리하면 네 길이 평탄하게 될 것이며 네가 형통하리라 내가 네게 명령한 것이 아니냐 마음을 강하고 담대하라 두려워하지 말며 놀라지 말라 네가 어디로 가든지 네 하나님 여호와가 너와 함께 하느니라.**(수 1:2-9)**

하나님은 모세의 뒤를 이어 이스라엘 백성을 약속의 땅으로 인도해 갈 지도자로 여호수아를 선택하셨다. 그리고 그에게 사명을 주셨다. 여호수아가 이스라엘의 새로운 인도자가 된 것이다.

하나님이 여호수아를 이스라엘 백성을 위한 인도자로 삼으시면서 하신 약속은 이것이다. 하나님이 모세와 함께 하셨던 것처럼, 여호수아와 함께 하시겠다는 것이었다. 이것은 이스라엘 백성을 인도하는 본래적이고 일차적인 인도자는 사람이 아니라 하나님이시며, 하나님은 이스라엘 역사 속에 함께 하신다는 것을 의미했다. 실제로, 하나님은 이스라엘 백성이 애굽에서 나와 광야를 지나 가나안 땅에 들어가 정착하는 그 모든 과정에서 그들과 함께 하셨고 또한 함께 행하셨다.

따라서 여호수아가 해야 할 일은 하나님의 말씀을 지켜 행하면서 강하고 담대하게 이스라엘 백성을 가나안 땅으로 인도해 가는 것이었다. 여호수아에게 있어서, 자신에 대한 하나님의 인도를 충실히 따르는 것이 이스라엘을 바르게 인도하는 것보다 더 중요했고 우선적이었다. 그것이 바로 영적 지도자의 바른 태도다. 하나님의 인도를 바르게 따를 수 있는 사람이라야 하나님의 백성을 바르게 인도할 수 있기 때문이다. 그런 점에서, 바른 따름 또는 충실한 제자됨은 리더의 최우선 조건이다.

이스라엘이 여호수아와 함께 가나안 땅을 정복하다

여호수아는 하나님의 명령에 따라 이스라엘을 가나안 땅으로 이끌어갔다. 그러나 그 과정은 저절로 이루어지지 않았다. 그 과정은 정복의 과정이었다. 이스라엘 백성이 적과 싸우면서 그 땅을 조금씩 점령해간 것이다. 물론, 그 모든 과정은 앞서 행하시는 하나님의 능력 가운데 이루어졌다. 그것은 분명 왕이신 하나님의 역사적 행위의 결과였다.

그러한 사실을 잘 나타내주는 사건이 바로 여리고성의 함락이다. 이스라엘 자손들이 여리고에 이르렀을 때, 하나님은 여호수아에게 이렇게 말씀하셨다.

> 보라 내가 여리고와 그 왕과 용사들을 네 손에 넘겨주었으니 너희 모든 군사는 그 성을 둘러 성 주위를 매일 한 번씩 돌되 엿새 동안을 그리하라 제사장 일곱은 일곱 양각 나팔을 잡고 언약궤 앞에서 나아갈 것이요 일곱째 날에는 그 성을 일곱 번 돌며 그 제사장들은 나팔을 불 것이며 제사장들이 양각 나팔을 길게 불어 그 나팔 소리가 너희에게 들릴 때에는 백성은 다 큰 소리로 외쳐 부를 것이라 그리하면 그 성벽이 무너져 내리리니 백성은 각기 앞으로 올라갈지니라.(수 6:2-5)

여호수아 6장 15-21절은 그 되어진 결과를 다음과 같이 기록하고 있다.

> 일곱째 날 새벽에 그들이 일찍이 일어나서 전과 같은 방식으로 그 성을 일곱 번 도니 그 성을 일곱 번 돌기는 그 날뿐이었더라 일곱 번째에 제사장들이 나팔을 불 때에 여호수아가 백성에게 이르되 외치라 여호와께서 너희에게 이 성을 주셨느니라…이에 백성은 외치고 제사장들은 나팔을 불매 백성이 나팔 소리를 들을 때에 크게 소리질러 외치니 성벽이 무너져 내린지라 백성이 각기 앞으로 나아가 그 성에 들

> 어가서 그 성을 점령하고 그 성 안에 있는 모든 것을 온전히 바치되 남녀 노소와 소와 양과 나귀를 칼날로 멸하니라.

위의 말씀에서 보듯이, 여리고 성이 무너지게 된 것은 이스라엘 자손들이 하나님의 지시를 따라 행했기 때문이다. 그들의 행동을 통해 하나님의 능력이 현실이 된 것이다. 그들이 여리고 성 주위를 돌았을 뿐인데, 그것이 무너졌다. 이는 하나님이 손수 하셨다는 증거이다.

이처럼, 이스라엘 백성은 하나님의 인도와 역사적 행위를 바탕으로 점차 가나안 땅을 점령해갔고, 드디어 그곳을 차지하게 되었다. 하지만 그들이 그 땅을 완전하게 차지하는데는 많은 시간이 걸렸다. 뿐만 아니라 이스라엘 백성은 그 땅에 정착한 이후로 침략해 오는 주변 지역의 다른 족속들과 계속해서 싸워야 했다.

이스라엘 백성이 가나안 땅을 정복해 가는 과정은 우리의 삶과 관련하여 우리에게 중요한 점을 시사해 준다. 하나님은 왜 가나안 땅에 있는 사람들을 자신의 능력으로 모두 쓸어버린 다음에 이스라엘 백성으로 하여금 쉽게 들어가 편안히 거하게 하시지 않았는가? 그렇게 하면 참 편했을 텐데 말이다. 그러나 그것은 하나님의 방법이 아니었다. 하나님의 방법은 이스라엘이 직접 광야를 걸어 지나야 했던 것처럼, 가나안 땅의 정복도 하나님의 인도를 따라 그들이 직접 한 과정씩 시간과 노력을 들이면서 진행해 가는 것이었다. 이것은 우리에게도 동일하게 적용

된다. 우리의 삶은 하나님의 인도를 따라 우리 자신이 직접 살아야 하는 것이다. 누구도 우리의 삶을 대신 살아줄 수 없다. 그것이 창조주 하나님이 인간의 삶에 두신 원리요 법칙이다.

여호수아는 가나안 땅을 정복한 후에(수 1-12장), 각 지파에게 그 땅을 분배해 주었다(13-22장). 그리고는 이스라엘 자손들에게 마지막 권면을 했다. 그것은 여호수아 23장에 나와 있다. 그는 이스라엘의 장로들과 수령들과 재판장들과 관리들에게 이렇게 말했다. "나는 나이가 많아 늙었도다 너희의 하나님 여호와께서 너희를 위하여 이 모든 나라에 행하신 일을 너희가 다 보았거니와 너희의 하나님 여호와 그는 너희를 위하여 싸우신 이시니라…그러므로 너희는 크게 힘써 모세의 율법 책에 기록된 것을 다 지켜 행하라 그것을 떠나 좌로나 우로나 치우치지 말라"(2-3, 6절). 그는 계속해서 말했다.

> 오직 너희의 하나님 여호와께 가까이 하기를 오늘날까지 행한 것같이 하라…그러므로 스스로 조심하여 너희의 하나님 여호와를 사랑하라…보라 나는 오늘 온 세상이 가는 길로 가려니와 너희의 하나님 여호와께서 너희에게 대하여 말씀하신 모든 선한 말씀이 하나도 틀리지 아니하고 다 너희에게 응하여 그 중에 하나도 어김이 없음을 너희 모든 사람은 마음과 뜻으로 아는 바라.**(8, 11, 14절)**

여호수아 24장은 여호수아가 죽기 전에 이스라엘 백성을 하나님 앞에 모이게 하고 예배를 드리는 내용으로 구성되어 있다. 그때 그는 이렇게 설교했다.

이제는 여호와를 경외하며 온전함과 진실함으로 그를 섬기라 너희의 조상들이 강 저쪽과 애굽에서 섬기던 신들을 치워버리고 여호와만 섬기라 만일 여호와를 섬기는 것이 너희에게 좋지 않게 보이거든 너희 조상들이 강 저쪽에서 섬기던 신들이든지 또는 너희가 거주하는 땅에 있는 아모리 족속의 신들이든지 너희가 섬길 자를 오늘 택하라 오직 나와 내 집은 여호와를 섬기겠노라.**(14-15절)**

그곳에 모인 백성들은 이렇게 화답했다. "우리도 여호와를 섬기리니 그는 우리 하나님이심이니이다"(18절). 실제로, 이스라엘 백성은 "여호수아가 사는 날 동안과 여호수아 뒤에 생존한 장로들 곧 여호와께서 이스라엘을 위하여 행하신 모든 일을 아는 자들이 사는 날 동안 여호와를 섬겼"다(31절). 그들은 자신들을 위한 하나님의 역사적 행위를 기억하고 하나님을 섬기면서 살았다.

이스라엘 후손들이 하나님을 저버리다 벌을 받다

그러나 불행하게도 여호수아와 그의 동시대 사람들과는 달리, 그들의 후손들은 자신들이 사는 날 동안 여호와 하나님을 제대로 섬기지 않았다. 그 대신에 실제로 존재하지 않는 다른 신들과 우상을 섬겼다. 이와 관련하여, 사사기 2장은 이렇게 기록하고 있다.

여호와의 종 눈의 아들 여호수아가 백 십세에 죽으매…그 세대의 사람도 다 그 조상들에게로 돌아갔고 그 후에 일어난 다른 세대는 여호와를 알지 못하며 여호와께서 이스라엘을 위하여 행하신 일도 알지 못하였더라 이스라엘 자손이 여호와의 목전에 악을 행하여 바알들을 섬기며 애굽 땅에서 그들을 인도하여 내신 그들의 조상들의 하나님 여호와를 버리고 다른 신들 곧 그들의 주위에 있는 백성의 신들을 따라 그들에게 절하여 여호와를 진노하시게 하였으되.**(8-12절)**

이스라엘 후손들은 여호와를 알지 못했고, 하나님이 이스라엘을 위해 행하신 일도 알지 못하게 되었다. 뿐만 아니라 그들은 하나님 앞에서 악을 행하고 바알과 다른 신들을 섬겼다.

그러면 그들은 왜 그들의 조상 이스라엘을 위해 행하신 하나님의 역사를 알지 못했을까? 아마도 그들의 부모 세대들이 그들에게 바른 신앙교육을 실시하지 않았기 때문일 것이다. 모세는 전에 하나님의 말씀에 따라 이스라엘 백성에게 이렇게 말했다.

너는 그 날에 네 아들에게 보여 이르기를 이 예식은 내가 애굽에서 나올 때에 여호와께서 나를 위하여 행하신 일로 말미암음이라 하고…후일에 네 아들이 네게 묻기를 이것이 어찌 됨이냐 하거든 너는 그에게 이르기를 여호와께서 그 손의 권능으로 우리를 애굽에서 곧 종이 되었던 집에서 인도하여 내실새 그 때에 바로가 완악하여 우리를 보내지 아니하매 여호와께서 애굽 나라 가운데 처음 난 모든 것은 사람의 장자로부터 가축의 처음 난 것까지 다 죽이셨으므로 태에서 처음 난 모든 수컷들은 내가 여호와께 제사를 드려서 내 아들 중에 모든 처음 난 자를 다 대속하리니 이것이 네 손의 기호와 네 미간의 표가 되리라 이는 여호와께서 그 손의 권능으로 우리를 애굽에서 인도하여 내셨음이니라 할지니라.**(출 13:8, 14-16)**

그리고 그는 이렇게 설교했다.

> 이스라엘아 들으라 우리 하나님 여호와는 오직 유일한 여호와이시니 너는 마음을 다하고 뜻을 다하고 힘을 다하여 네 하나님 여호와를 사랑하라 오늘 내가 네게 명하는 이 말씀을 너는 마음에 새기고 네 자녀에게 부지런히 가르치며 집에 앉았을 때에든지 길을 갈 때에든지 누워 있을 때에든지 일어날 때에든지 이 말씀을 강론할 것이며 너는 또 그것을 네 손목에 매어 기호를 삼으며 네 미간에 붙여 표를 삼고 또 네 집 문설주와 바깥 문에 기록할지니라 네 하나님 여호와께서 네 조상 아브라함과 이삭과 야곱을 향하여 네게 주리라 맹세하신 땅으로 너를 들어가게 하시고 네가 건축하지 아니한 크고 아름다운 성읍을 얻게 하시며 네가 채우지 아니한 아름다운 물건이 가득한 집을 얻게 하시며 네가 파지 아니한 우물을 차지하게 하시며 네가 심지 아니한 포도원과 감람나무를 차지하게 하사 네게 배불리 먹게 하실 때에 너는 조심하여 너를 애굽 땅 종 되었던 집에서 인도하여 내신 여호와를 잊지 말고 네 하나님 여호와를 경외하며 그를 섬기며 그의 이름으로 맹세할 것이니라 너희는 다른 신들 곧 네 사면에 있는 백성의 신들을 따르지 말라 너희 중에 계신 너희 하나님 여호와는 질투하시는 하나님이신즉 너희의 하나님 여호와께서 네게 진노하사 너를 지면에서 멸절시키실까 두려워하노라.**(신 6:4-15)**

따라서 이스라엘 자손들이 하나님을 알지 못하고 또한 하나님이 자신들을 위해 행하신 일들을 알지 못한 것은 그들에게도 책임이 있었지만, 그것을 제대로 가르치지 못한 그들의 부모 세대들에게도 책임이 있었다고 해도 과언은 아닐 것이다. 자녀의 신앙교육은 일차적으로 부모에게 책임이 있다. 믿음의 가정에서 신앙의 전수는 부모를 통해서 이루어지기 때문이다.

불행하게도, 이스라엘 백성이 하나님 앞에서 악을 행하고 다른 신들을 섬기는 그런 모습은 그들의 역사에서 계속적으로 반복되었다. 사사시대(이스라엘 백성이 가나안 땅에서 정착 생활을 하기 시작할 때부터 이스라엘의 초대 왕인 사울 왕이 출현할 때까지의 시대를 말하며, 그 시대의 사사들은 이스라엘의 실질적인 왕이셨던 하나님이 이스라엘을 위기에서 구출하기 위해 사용하신 하나님의 특별한 능력을 받은 사람들이었다)로부터 왕정시대까지, 이스라엘 백성 전체가 하나님을 온전하게 섬긴 적이 거의 없었다. 그들은 끊임없이 하나님을 외면하고 우상을 섬김으로 그리고 이웃을 사랑하지 않음으로 하나님을 진노하게 했다. 이처럼, 이스라엘 조상들이 하나님과 맺었던 언약은 이스라엘 역사 가운데 바르게 지켜지지 않았다.

이스라엘의 예언자들은 그러한 그들의 삶을 비판하고 하나님이 그것에 대해 심판하실 것이라고 경고했다. 이스라엘이 돌이켜 하나님께로 돌아오지 않으면 그들에게 하나님의 심판이 임하게 된다는 것을 알렸다. 예언자들의 경고는 하나님의 말씀에 근거한 것이었다. 그들은 하나님이 전하라고 하신 말씀을 그대로 전했기 때문이다.

하지만 이스라엘 백성은 자신들의 마음을 돌이켜 회개하지 않았다. 그들은 결국 주전 587년에 바벨론(Babylon)에 의해 멸망을 당하게 되었다. 하나님이 이방 나라인 비벨론을 사용하셔서 그들을 심판하신 것이다. 그후 이스라엘은 약 50년 동안 비벨론 포로시대(587-538 B.C.)를 겪게 되었다.

성서는 남유다의 멸망의 책임을 주로 므낫세 왕에게 돌린다. 그는 이스라엘 역사상 최악의 우상 숭배자였다. "여호와께서 유다를 향하여 내리신 그 크게 타오르는 진노를 돌이키지 아니하셨으니 이는 므낫세가 여호와를 격노하게 한 그 모든 격노 때문이라 여호와께서 이르시되 내가 이스라엘을 물리친 것 같이 유다도 내 앞에서 물리치며 내가 택한 이 성 예루살렘과 내 이름을 거기에 두리라 한 이 성전을 버리리라 하셨더라"(왕하 23:26-27).

이런 점에서, 성서는 이스라엘 민족이 멸망하게 된 것은 그들의 정치력이나 군사력이 미약해서라기보다는 그들의 죄에 대한 하나님의 진노에서 비롯된 징벌로 본다. 그러므로 이스라엘이 해야 할 일은 그러한 사실을 바로 깨달아 자신들의 죄를 회개하고 하나님께로 돌아가는 것이었다. 그들의 조상들이 하나님과 맺었던 언약대로 우상을 버리고 오직 하나님 한 분만을 섬기면서 하나님의 말씀에 순종하며 사는 것이었다. 오직 그럴 때만, 이스라엘 민족은 하나님으로부터 오는 구원의 새 희망을 얻을 수 있게 되었다.

이스라엘의 멸망 사건은 우리에게 두 가지 중요한 점을 말해준다.

첫째, 하나님은 자신을 버리고 우상을 섬기는 사람들을 심판하신다는 것이다. 왜냐하면 이 우주 안에 인간의 섬김을 받을 만한 존재는 오직 인간을 지으신 왕이신 하나님 한 분이시기 때문이다.

둘째, 하나님을 떠난 인간은 하나님께로 돌아가야만 살 수 있다는 것이다. 하나님은 여전히 자신을 떠난 인간이 자신에게로 돌아오기를 바라고 기다리신다. 하나님은 모든 인간을 대하여 "오래 참으사 아무도 멸망하지 않고 다 회개하기에 이르기를 원하" 신다(벧후 3:9). 그러므로 인간은 하나님이 오래 참으실 때 그리고 그렇게 하시면서 회개할 기회를 주실 때 회개하고 하나님께로 돌아가야 한다. 그것만이 살 길이다.

이스라엘이 바벨론을 나오다-제 2의 출애굽 사건

포로기간 동안, 이스라엘 백성은 나라 잃은 서러움 속에 살아야 했다. 시인은 그런 심정을 담아 다음과 같이 읊었다.

> 우리가 바벨론의 여러 강변 거기에 앉아서 시온을 기억하며 울었도다 그 중의 버드나무에 우리가 우리의 수금을 걸었나니 이는 우리를 사로잡은 자가 거기서 우리에게 노래를 청하며 우리를 황폐하게 한 자가 기쁨을 청하고 자기들을 위하여 시온의 노래 중 하나를 노래하라 함이로다 우리가 이방 땅에서 어찌 여호와의 노래를 부를까 예루살렘아 내가 너를 잊을진대 내 오른손이 그의 재주를 잊을지로다 내가 예루살렘을 기억하지 아니하거나 내가 가장 즐거워하는 것보다 더 즐거워하지 아니할진대 내 혀가 내 입천장에 붙을지로다 여호와여 예루살렘이 멸망하던 날을 기억하시고 에돔 자손을 치소서 그들의 말이 헐어 버리라 헐어 버리라 그 기초까지 헐어 버리라 하였나이다 멸망할 딸 바벨론아 네가 우리에게 행한 대로 네게 갚는 자가 복이 있으리로다 네 어린 것들을 바위에 메어치는 자는 복이 있으리로다.(시 137:1-9)

그들은 노래를 잃어버릴 만큼 나라를 빼앗긴 아픈 현실 속에서 살아갔다. 슬픔에 잠겨 있던 그들을 향해 바벨론 사람들은 그런 상황을 비웃기라도 하듯이 노래를, 그것도 “여호와의 노래”를 부르라고 요구했다. 그들은 도저히 그렇게 할 수가 없었다. 그래서 수금을 버드나무에 걸어버렸다. 그리고 바벨론 여러 강변에서 하나님의 거룩한 산 시온을 생각하면서 울었다. 그것이 그 당시 그들이 처한 삶의 상황이었다.

그러나 바벨론에 포로로 잡혀갔던 이스라엘 백성에게 포로생활의 절망만 있었던 것은 아니었다. 그들에게는 하나님의 은혜와 자비에 근거한 희망도 있었다. 그것은 하나님이 심판의 말씀을 하실 때 선지자 이사야와 예레미야를 통해 이미 주어진 것이었다(사 40:10-11; 렘 31:31-34). 그리고 마침내 이스라엘 민족을 포로로 잡아갔던 바벨론은 539년 고레스(Cyrus) 왕이 이끄는 페르시아 군대에 의해 멸망을 당하게 되었다. 당시 고레스 왕은 계몽적인 정복자로서 칙령을 발표하여 바벨론 지역에 포로로 잡혀와 있던 유다의 포로들을 그들의 고향으로 돌아가게 해 주었다(대하 26:22-23).

이것은 분명 전적으로 하나님의 역사적 행위와 은혜에 근거한 것이다. 불신앙의 눈으로 보면, 이 사건은 전혀 특별한 일이 아닐지 모른다. 그저 역사의 흐름 속에서 일어나는 지극히 우연한 일로 여겨질지 모른다. 그러나 신앙의 눈으로 보면, 하나님의 역사적 사건으로 보게 된다. 그래서 앤더슨은 이렇게 말한다.

> 이 부분(사 40:1-11, 역주)에서 중요한 말은 신약에서 "복음"으로 재현하는 말인 "좋은 소식"(9절; 52장 7절과 비교하라)이다. 이 좋은 소식의 내용은 무엇인가? 그것은 이것이다. 하나님이 막 행동하려고 하신다는 것이다. 이스라엘의 역사 초기에 하나님이 주도권을 잡고서 한 백성(이스라엘)을 출구가 없는 상황에서 해방시키시고 약속의 땅으로 가는 광야의 길을 내셨던 것처럼 말이다. 아마도 불신자들이 볼 때는 포로가 되었던 그들이 귀향하는 것에 특별한 것이 없을지도 모른다. 그러나 이 사건을 출애굽과 이스라엘 전통 전체의 관점에서 본 사람들에게는 이것은 하나님의 출현(theophany)-역사의 무대에 하나님의 영광을 나타내는 것-이었을 것이다.

이처럼, 이스라엘 백성이 포로생활에서 해방되어 고향으로 돌아가게 된 것은 전적으로 우주 만물을 주관하시는 하나님의 섭리와 그분의 역사적 행위의 결과라고 할 수 있다.

이스라엘 백성에게 "출바벨론"은 그 무엇과도 비교할 수 없는 큰 기쁨이었다. 너무도 기쁜 나머지 모두 껑충껑충 뛰면서 춤을 추었을 것이다. 실제로, 그 현실이 믿기 어려울 정도였다. 꿈처럼 느껴졌다. 해방의 기쁨에 웃음과 찬양이 흘러 넘쳤다. 마냥 좋았다. 시인은 그 마음을 한 편의 시에 담아 다음과 같이 노래했다.

여호와께서 시온의 포로를 돌려보내실 때에 우리는 꿈꾸는 것 같았도다 그 때에 우리 입에는 웃음이 가득하고 우리 혀에는 찬양이 찼었도다 그 때에 뭇 나라 가운데에서 말하기를 여호와께서 그들을 위하여 큰 일을 행하셨다 하였도다 여호와께서 우리를 위하여 큰 일을 행하셨으니 우리는 기쁘도다 여호와여 우리의 포로를 남방 시내들 같이 돌려보내소서 눈물을 흘리며 씨를 뿌리는 자는 기쁨으로 거두리로다 울며 씨를 뿌리러 나가는 자는 반드시 기쁨으로 그 곡식 단을 가지고 돌아오리로다.(시 126:1-6)

하지만 불행하게도(그러나 궁극적으로는 다행히도) 포로기 이후, 이스라엘의 역사는 그리 밝지도, 또한 희망적이지도 못했다. 이스라엘 백성이 바벨론의 포로생활에서 귀향했을 때, 그들은 머지 않아 이스라엘 왕국이 회복될 것이라고 생각했다. 하지만 그런 바람은 이루어지지 않았다. 오히려 시간이 흐르면서, 그것은 단지 희망 사항이 되고 말았다. 비록 이스라엘 백성의 첫 번째 귀향 이후(그들의 귀향은 전부 네 차례에 걸쳐 이루어졌다), 오랜 시간이 지나 이스라엘 백성을 이끌고 세 번째로 귀향했던 에스라가 "모세의 율법"을 중심으로 이스라엘 민족을 새롭게 세우고, 또한 다른 이스라엘 사람들을 이끌고 네 번째로 귀향했던 느헤미야가 예루살렘 성벽을 개축하는 업적을 이루었지만, 그들의 현실은 별로 나아진 것이 없었다. 오히려 대내외적으로 여러 가지 어려운 상황에 처하게 되었으며, 결국 이스라엘 백성은 점차로 자신들이 처한 상황에 실망하게 되었다.

한 때는 그리고 어느 정도는 주전 515년에 재건된 예루살렘

성전이 이스라엘 공동체의 구심점이 되기도 했다. 그러나 그들의 의식은 점차로 약해져 갔고, 설상가상으로 제사장들은 부패하기도 했다. 그들의 사회가 점차로 희망을 잃어가고 있었던 것이다.

그런 상황은 결국 이스라엘 백성으로 하여금 묵시적 또는 종말론적 희망을 품게 만들었다. 하나님의 새로운 역사를 고대하게 된 것이다. 하나님의 역사 안에 있었던 그들의 역사적 시점은 자정을 지나 새벽(예수 그리스도의 오심)으로 가고 있었다고 말해도 과언은 아닐 것이다. 조금씩 인류에 새로운 희망이 동터오고 있었던 것이다. 인류의 참된 희망이 말이다.

* * *

하나님은 애굽에서 노예생활을 하던 노예들을 해방시키시고 시내산에서 그들과 언약을 맺으심으로 그들의 하나님이 되고, 그들은 하나님의 백성이 되었다. 하나님이 그들을 노예생활에서 자유롭게 하시고 자신의 백성을 삼으신 것은 전 인류를 향한 자신의 구원 사역을 이루어가기 위해서였다. 그리고 모세와 함께 광야를 지난 후, 여호수아와 함께 약속의 땅에 들어가 정착한 이스라엘 백성은 조금씩 번성해 갔다. 그러나 그들은 언약의 백성으로서의 삶을 제대로 살지 못하고 하나님께 징벌을 받게 되었다. 그리고 그런 삶의 상황은 점차로 그들로 하여금 더 나은 희망을 갈구하게 만들었다.

비록 그들이 자신들의 역사의 흐름을 제대로 인식하지 못했다할지라도, 그들의 역사(더 나아가서는 인류의 역사)는 그렇게 하나님의 아들 예수 그리스도의 오심을 향해 진행되고 있었다. 그분은 인류를 구원하시기 위한 하나님의 계획을 온전하게 이루실 참된 구원자이시기 때문이다.

5장

예수 그리스도와 하나님의 구원: 하나님이 외아들을 세상에 보내시다

앞에서 계속적으로 언급해 왔듯이, 역사는 하나님의 이야기이다. 왕이신 하나님 자신이 손수 써 가시는 자서전이다. 하나님은 자신의 자서전인 역사라는 노트에 인간과 만물의 창조, 히브리 노예들의 출애굽, 그들을 백성 삼음, 가나안 땅의 정복과 이스라엘의 건국과 같은 크고 위대한 일들을 써넣으셨다. 그 모든 일들은 하나님이 친히 행하신 일들이다. 성서는 그 모든 일들이 사실임을 확증해 준다.

역사상 가장 위대한 사건, 예수 그리스도의 화육

하나님이 역사 가운데 행하신 모든 일들은 분명 놀랍고 위대하다. 그러나 하나님이 인간의 구원과 창조세계의 구속을 위해 역사 안에서 행하신 위대한 일들 가운데 가장 위대하고 유일무이한 일은 "하나님 자신이 손수 인간이 되신 사건"이다. 사도 요한은 그와 관련하여 다음과 같이 썼다.

> 태초에 말씀이 계시니라 이 말씀이 하나님과 함께 계셨으니 이 말씀은 곧 하나님이시니라 그가 태초에 하나님과 함께 계셨고 만물이 그로 말미암아 지은 바 되었으니 지은 것이 하나도 그가 없이는 된 것이 없느니라…그가 세상에 계셨으며 세상은 그로 말미암아 지은 바 되었으되 세상이 그를 알지 못하였고 자기 땅에 오매 자기 백성이 영접하지 아니하였으나 영접하는 자 곧 그 이름을 믿는 자들에게는 하나님의 자녀가 되는 권세를 주셨으니…말씀이 육신이 되어 우리 가운데 거하시매 우리가 그의 영광을 보니 아버지의 독생자의 영광이요 은혜와 진리가 충만하더라.(요 1:1-3, 10-12, 14)

특히, 예수 그리스도의 화육(또는 성육신 incarnation)-그리고 그분의 삶과 십자가 위에서의 죽으심과 부활-의 사건은 하나님이 그 이전에 행하신 모든 위대한 일들에 통일성을 제공해 준다. 뿐만 아니라 그 이후에 행하셨고 또 행하실 모든 위대한 일들의 토대가 된다. 즉 예수 그리스도의 화육의 사건은 하나님이 인간의 역사에서 행하신 모든 위대한 일들의 중심이다. 이와 관련하여, A. M. 헌터(A. M. Hunter)는 이렇게 말한다.

> 그리스도인들에게 있어서 역사의 중심은 그리스도의 오심이다. 그 앞에 오는 모든 것, 그것의 서곡이 되는 모든 것 그리고 뒤따르

는 모든 것은 그것으로부터 유래한다. 그 단 한번뿐인 사건(the once-for-all event)-그리스도의 사역, 죽음 그리고 부활-은 과거에 위치하며, 그리스도가 영적 역사에서 결정적인 싸움을 싸워 이기셨다는 것이 우리의 믿음이다.

그는 또 이렇게 말한다.

(이스라엘의 중간기 동안), 하나님의 백성의 이야기-성서는 모두 그것에 관한 것이다-는 끝이 난 것처럼 보이며, 그 끝은 해방이 아니라 큰 재난(disaster)인 것처럼 보인다. 그러나 이것은 예언자들의 아주 멋진 '전망'을 잊는 것이다. 비록 이스라엘이 몰락한 것처럼 보일지 몰라도, 그들은 하나님이 자신들의 과거의 모든 영광을 능가할 자신의 백성을 위한 미래를 가지고 계신다고 변함없이 확신한다…신약은 그 때-하나님의 나라와 그분의 메시아의 때, 새 언약과 하나님의 성령을 부어주신 때-가 어떻게 왔는지를 그리고 예언들이 어떻게 그리스도의 오심과 함께 성취되었는지를 설명한다…그 "아들"(그리스도)은 예언자들에게 주시는 하나님의 응답이었다. 그러나 그는 그 이상이었다. 즉 그는 이스라엘 안에 있는 모든 슬픈 영혼의 성취되지 않은 모든 갈망에 대한 응답이었다. 시인과 같이 부르짖었던 모든 사람들을 생각해 보라…이 모든 것들은 하나님의 응답을 위한 부르짖음이었다. 하나님의 응답은 그리스도였다. 그리고 오늘날도 여전히 죄 씻음을 위해, 또는 세상의 난제에 대한 해결책을 위해, 또는 죽음이 끝이 아니라는 확신

을 위해 부르짖는 모든 사람들에게 그리스도가 "하나님의 예"(고후 1:20), 즉 그분이 "세상 끝 날까지" 그들과 함께 하시겠다고 약속하신 것과 같이, 그들의 기도에 대한 그분의 역사적이며 살아있는 응답이라는 것이 복음의 좋은 소식이다.

같은 맥락에서, 앤더슨은 이렇게 말한다.

한 편의 우수한 드라마에는 통일성이 있는 것처럼, 성서에도 통일성이 있다. 그것은 시작에서 끝으로, 창조에서 새 창조로 진행된다. 그 이야기는 사람들의 희망과 두려움, 기쁨과 고뇌, 야망과 실패를 다룬다. 성서에는 많은 다양성이 있다. 즉 저자도 다르고 역사적 상황도 다르며 신학적 표현들도 다르다. 그러나 이 모든 다양성의 근저에 있는 것은 한 편의 드라마의 줄거리와 같이 전체를 결속시켜주는 역동적인 전개다. 하지만 성서의 드라마는 하나님이 배역으로 등장하신다는 점에서 독특하다. 하나님은 그 드라마의 대사를 일러주시고 지도하시는 무대 뒤에 서 계신 작가(the Author)일 뿐만 아니라 주역-주인공-으로서 무대에 등장하시는 분이다. 성서의 줄거리는 창조세계를 향한 하나님의 목적을 방해하려는 그토록 많은 노력이 있음에도 불구하고 그것을 성취한다. 기독교 공동체가 확신하는 바, 성서의 줄거리는 나사렛 예수의 십자가상의 죽음과 부활이 하나님의 결정적 승리의 표징으로 선포될 때 그 대단원에 이른다.

두 말할 나위 없이, 왕이신 하나님이 인간이 되어 우리 가운데 거하신 사건은 인간의 역사에서 가장 독특하고 위대한 일이다. 그것을 행하신 분은 바로 천지 만물을 지으시고 다스리시는 역사의 주 하나님이다. 그것은 하나님 외에는 누구도 할 수 없는 일이다. 이처럼, 인간의 역사에는 이 놀라운 사건이 역사적 사실로 발생했던 시간이 분명하게 새겨져 있다.

하나님의 구원 계획과 예수 그리스도의 오심

예수 그리스도의 오심은 하나님의 구원 계획과 관련하여 이해할 때만 바를 수 있다. 그분의 오심의 목적은 바로 거기에 있었기 때문이다. 그래서 예수님은 이렇게 말씀하셨다. "인자가 온 것은 섬김을 받으려 함이 아니라 도리어 섬기려 하고 자기 목숨을 많은 사람의 대속물로 주려 함이니라"(막 10:45). "인자가 온 것은 잃어버린 자를 찾아 구원하려 함이니라"(눅 19:10). "하나님이 세상을 이처럼 사랑하사 독생자를 주셨으니 이는 그를 믿는 자마다 멸망하지 않고 영생을 얻게 하려 하심이라 하나님이 그 아들을 세상에 보내신 것은 세상을 심판하려 하심이 아니요 그로 말미암아 세상이 구원을 받게 하려 하심이라"(요 3:16-17).

이런 점에서, 예수 그리스도의 오심은 어느 순간에 갑자기 발생한 사건이 아니다. 그것은 이미 옛적부터 하나님의 구원 계획 안에 있었던 것이다. 다시 말해서, 그것은 성부 하나님이 인류를 구원하기 위해 오래 전에 계획하신 일이다. 그리고 하나님의 때가 되었을 때, 그 일이 이루어진 것이다. 이러한 사실은 예수님이 이 땅에 오시기 전에 쓰여진 하나님의 말씀(구약 성서) 속에 분명하게 나타나 있다.

우리가 앞에서 살펴보았던 것처럼, 하나님은 인간이 타락했을 때 인간을 유혹했던 사탄의 상징인 뱀을 향해 이렇게 말씀하셨다. "네가 이렇게 하였으니 네가 모든 가축과 들의 모든 짐승보다 더욱 저주를 받아 배로 다니고 살아 있는 동안 흙을 먹을지니라 내가 너로 여자의 후손과 원수가 되게 하고 네 후손도 여자의 후손과 원수가 되게 하리니 여자의 후손은 네 머리를 상하게 할 것이요 너는 그의 발꿈치를 상하게 할 것이니라"(창 3:14-15).

다른 한편으로, 이사야 선지자의 고난의 종에 대한 묘사는 정확히 예수 그리스도의 십자가의 고난을 반영한다.

> 그는 주 앞에서 자라나기를 연한 순 같고 마른 땅에서 나온 뿌리 같아서 고운 모양도 없고 풍채도 없은즉 우리가 보기에 흠모할 만한 아름다운 것이 없도다 그는 멸시를 받아 사람들에게 버림받았으며 간고를 많이 겪었으며 질고를 아는 자라 마치 사람들이 그에게서 얼굴을 가리는 것 같이 멸시를 당하였고 우리도 그를 귀히 여기지 아니하였도다 그는 실로 우리의 질고를 지고 우리의 슬픔을 당하였거늘 우리는 생각하기를 그는 징벌을 받아 하나님께 맞으며 고난을 당한다 하였노라 그가 찔림은 우리의 허물 때문이요 그가 상함은 우리의 죄악 때문이라 그가 징계를 받음으로 우리는 평화를 누리고 그가 채찍

에 맞음으로 우리는 나음을 받았도다 우리는 다 양 같아서 그릇 행하여 각기 제 길로 갔거늘 여호와께서는 우리 무리의 죄악을 그에게 담당시키셨도다.(사 53:2-6)

그리고 성령은 미가 선지자를 통해 이렇게 말씀하셨다. "베들레헴 에브라다야 너는 유다 족속 중에 작을지라도 이스라엘을 다스릴 자가 네게서 내게로 나올 것이라 그의 근본은 상고에, 영원에 있느니라"(미 5:2). 이 예언의 말씀은 하나님의 때가 찼을 때 정확하게 실현되었다. 하나님의 메시아이신 예수 그리스도가 오신 것이다. "헤롯 왕 때에 예수께서 유대 베들레헴에서 나시매 동방으로부터 박사들이 예루살렘에 이르러 말하되 유대인의 왕으로 나신 이가 어디 계시냐 우리가 동방에서 그의 별을 보고 그에게 경배하러 왔노라 하니"(마 2:1-2).

이와 같이, 예수님의 삶은 특별한 목적을 지닌 삶이었다. 예수님은 아버지 하나님의 구원 계획을 이루시기 위해 이 땅에 오신 것이다.

예수 그리스도의 기원

하나님이 자신의 구원 계획을 성취하시기 위해 외아들을 이 땅에 보내셨다고 하는 것은 예수 그리스도의 기원에 관한 중요한 점을 내포한다. 예수 그리스도보다 앞에 와서는 그분의 길을 준비하며 살았던 세례 요한은 예수님에 대해 증언하면서 이렇게 외쳤다. "내가 전에 말하기를 내 뒤에 오시는 이가 나보다 앞선 것은 나보다 먼저 계심이라 한 것이 이 사람을 가리킴이라" (요 1:15).

그러면 자신이 예수님보다 이 세상에 먼저 왔음에도 불구하고 그분이 자신보다 먼저 계셨다고 말하는 세례 요한의 말은 무엇을 의미하는가? 예수님이 세례 요한보다 먼저 계셨다면, 얼마나 먼저 계신 것일까? 사도 바울의 다음의 말은 정확히 그에 대한 답을 제공해준다. "그(예수 그리스도)는 근본 하나님의 본체시나 하나님과 동등됨을 취할 것으로 여기지 아니하시고 오히려 자기를 비워 종의 형체를 가지사 사람들과 같이 되었고 사람의 모양으로 나타나사 자기를 낮추시고 죽기까지 복종하셨으니 곧 십자가에 죽으심이라" (빌 2:6-8).

사도 바울에 따르면, 예수님의 신분은 본래 하나님이시다. 다시 말해서, 예수 그리스도는 삼위일체 하나님(the triune God)의 한 위이시다. 하나님이신 그분이 인간이 되신 것이다. 그래서 예수님의 존재의 시작은 역사의 어느 순간이 아니라 영원이다. 즉 영원부터 영원까지 계신 영원하신 분이다. 예수님이 함께 하셨고 또 예수님을 이 땅에 보내신 성부 하나님은 영원하신 분이기 때문이다(사 40:28). 그것이 바로 성령이 미가 선지자를 통해 예수 그리스도의 나심을 미리 알리실 때 "그의 근본은 상고에, 영원에 있느니라" 라고 말씀하신 이유이다.

그러므로 예수님과 관계를 맺는 것은 예수님을 보내신 성부 하나님과 관계를 맺는 것이 되며, 예수님을 섬기는 것은 성부 하나님을 섬기는 것이 된다. 성자 예수님과 성부 하나님의 영원한 생명을 소유하는 것이 된다.

이스라엘 백성의 사역과 예수 그리스도의 사역

하나님이 역사 가운데 여러 가지 위대한 일을 행하셨고 또 행하시는 이유와 목적은 장차 만물이 새롭게 될 자신의 창조세계에서 모든 민족이 구원과 복을 받고 자신을 섬기는 하나님 나라의 백성이 되게 하는 것이다. 하나님은 그것을 위해 아브라함을 부르셨고 이스라엘을 자신의 백성으로 삼으셨다. 하지만 이스라엘 백성은 그 사명을 제대로 감당하지 못했다. 그들은 다른 민족으로 하여금 구원과 복을 받게 하라는 하나님이 주신 사명을 충실히 감당하기는커녕, 자신들마저도 하나님을 제대로 섬기지 못했다. 자신들의 믿음 하나 제대로 감당하지 못하는 민족이 어떻게 다른 민족의 믿음을 책임질 수 있을까?

그런 이유로, 하나님은 외아들 예수 그리스도를 보내셔서 십자가에 달려 죽게 하시고 또한 부활하게 하셨다. 모든 민족으로 하여금 구원과 복을 받고 하나님을 섬기도록 하기 위해서였다. 예수님은 자신이 보냄 받은 목적을 온전하게 이루셨다. 개인적으로는 언제나 아버지 하나님과 바른 관계를 맺으면서 하나님이 기뻐하시는 일을 하면서 사셨다. 그리고 공적으로는 사람들로 하여금 하나님을 섬기도록 그들을 말과 행동으로 이끌어주면서 사셨다. 따라서 예수님은 하나님의 구원 계획을 위해 살고 또 그것을 위해 쓰임 받는 삶의 모범이다.

하나님의 보내심을 받고 이 땅에 오신 예수님은 사람들을 부르셔서 그들을 자신의 제자들로 삼으셨다. 하나님의 새로운 백성, 새 이스라엘을 형성하기 위해서였다. 이것은 예수님과 제자들의 사역이 본래 하나님이 이스라엘로 하여금 세상을 향해 감당하도록 하신 사역과 연속선상에 있었음을 보여준다. 기억해야 할 점은 왕이신 하나님의 백성이었던 이스라엘이 그 사명을 제대로 감당하지 못했기 때문에 하나님이 아들을 세상에 보내셨고, 그분을 통해 세상을 위한 하나님의 새로운 백성을 형성하게 하셨다는 것이다. 그러므로 하나님의 새로운 백성으로서의 교회의 형성은 하나님의 또 다른 역사적 행위의 결과, 즉 왕의 사역의 결과라고 할 수 있다. 신약의 교회는 바로 그렇게 태어나게 되었다. 우리는 예수 그리스도의 구속의 사역을 통해 하나님의 새로운 백성, 하나님의 교회가 된 것이다.

* * *

하나님은 세상과 인간을 한없이 사랑하신다(요 3:16). 그리고 죄인인 모든 인간이 구원을 받기를 원하신다(딤전 2:4). 그것이 하나님이 자신의 외아들 예수 그리스도를 이 땅에 보내주신 이유이다. 그러므로 모든 사람이 해야 할 일은 그분을 영접하는 것, 즉 그분의 이름을 믿음으로 하나님의 자녀가 되는 것이다(요 1:12). 하나님의 자녀가 되는 모든 사람들에게는 하나님의 구원과 그분의 나라가 선물로 주어진다. 이것이 바로 하나님의 은혜의 능력이다. 이 은혜의 능력을 받아 누리지 못할 만큼 큰 죄인은 없다. 하나님의 은혜는 죄보다 더 강하고 풍성하기 때문이다.

6장

예수 그리스도와 제자들: 하나님이 아들을 통해 새로운 백성을 형성하시다

하나님의 섭리와 계획에 따라 인류의 구원과 창조세계의 구속을 위해 이 땅에 오신 예수 그리스도는 사람들을 불러모아 하나님의 나라를 위해 일할 제자들로 삼으셨다. 제자 삼는 사역은 예수님의 사역의 중요한 부분이었다. 그리고 예수님의 제자 삼는 사역의 궁극적인 목표는 사람들을 죄와 사망에서 구원하여 하나님의 새로운 백성을 형성하는데 있었다.

그러나 그 출발점은 많은 사람들에게 있지 않고 소수의 사람들에게 있었다. 소수의 사람들을 훈련시켜 소수의 제자 공동체를 다수의 백성 공동체-하나님의 백성이요 그리스도의 몸으로서의 하나님 나라의 신앙 공동체-로 형성하는 방법을 선택하셨다.

따라서 예수님의 삶과 사역은 두 가지 중요한 역사적 사건-창조세계의 구속을 포함한 인류의 구원과 하나님 나라의 백성 공동체 형성-과 관계가 있었다.

예수 그리스도와 인간의 구원

예수님의 지상 사역과 관련하여 가장 중요하고 근본적인 것은 죄와 사망에서 인간을 구원하시는 것이었다. 왜냐하면 예수님이 이 땅에 오신 목적은 자신을 "사람의 대속물"(막 10:45)로 주어 인간을 구원하시는 것이었기 때문이다. 이와 관련하여, 그렉 알리슨(Gregg R. Allison)은 이렇게 말한다.

> 구원의 드라마는 전면적인 사건(phenomenon)이다. 그것은 자신에 의해 지음을 받았으나 타락한 사람들을 예수 그리스도의 인격과 사역을 통해 죄와 그 형벌로부터 구하시려는 하나님의 은혜롭고 강력한 사역과 관계가 있으며, 또한 이 신적 선취권에 대한 인간의 응답과 관계가 있다.

사도 바울은 감옥 문이 열린 것을 보고 그곳에 갇혀 있던 바울과 실라가 도망한 줄로 생각하여 스스로 목숨을 끊으려 했던 빌립보 감옥의 한 간수에게 "주 예수를 믿으라 그리하면 너와 네 집이 구원을 받으리라"(행 16:31)라고 말했다. 그가 그렇게 말한 것은, 모든 사람은 구원의 주 예수 그리스도를 믿어야 구원을 받을 수 있기 때문이다.

예수님이 이 세상의 구원자이심을 말해주는 분명한 것들 중 하나는 십자가다. 예수 그리스도의 십자가는 하나님의 구원의 상징이요 표징이며 실체이다. 그것은 왕이신 하나님의 위대한 역사적 행위들 중 하나다. 아니, 가장 중요한 사건이다. 그래서 사도 바울은 "십자가의 도가 멸망하는 자들에게는 미련한 것이요 구원을 받는 우리에게는 하나님의 능력이라"(고전 1:18)고 분명하고도 자신 있게 말할 수 있었다. 그리고 참된 그리스도인들은 그 사실을 확실하게 믿는다.

이렇듯, 인간은 누구나 하나님의 구원자 예수 그리스도를 통해 구원을 받게 된다. 하나님과의 잃어버린 관계, 단절된 관계를 회복하게 된다. 영원한 생명을 소유하게 된다.

성서가 말하는 것처럼, 이 세상에 인간의 구원을 위한 다른 길은 없다. 예수 그리스도가 그 유일한 길이시다(요 14:16). 사람이 "다른 이로써는 구원을 받을 수 없"는 것은 하나님께서는 "천하 사람 중에 구원을 받을만한 다른 이름을 우리에게 주신 일이 없"기 때문이다(행 4:12). 그러므로 "구원"이란 말은 예수 그리스도께 가장 잘 어울리는 말이다. 하나님의 구원은 예수 그리스도를 통해서만 우리에게 온다.

예수 그리스도의 구원의 복음은 세상 모든 사람들을 위한 것이다. 윌리엄 마운스(William D. Mounce)는 신약 성서의 언어인 코이네 헬라어(Koine Greek, 예수님 당시에 일반 대중들이 사용했던 헬라어)에 대해 설명하면서 이렇게 말한다.

> 이 언어(코이네 헬라어)는 유서, 개인적인 편지, 영수증, 쇼핑 목록 등에 사용된 평범한 사람들의 언어였다. 이것으로부터 우리가 배울 수 있는 교훈이 두 가지 있다. 바울이 말하는 것처럼, "때가 차매 하나님이 그 아들을 보내"셨고(갈 4:4), 그 (때가) 참의 한 부분은 보편적인 언어였다. 바울이 어느 곳을 여행하든지, 모든 사람들이 그가 하는 말을 이해할 수 있었다…하나님은 복음을 전하기 위해 그 공용어(common language)를 사용하셨다. 복음은 박식한 사람들에게만 속하지 않는다. 오히려 그것은 모든 사람들에게 속한다.

마운스의 말은 옳다. 하나님의 때에는 시간과 상황이 함께 포함되어 있었다. 모든 사람이 쉬운 언어로 복음을 듣고 이해하고 구원을 받을 수 있도록 하기 위해서였다.

예수 그리스도의 구원 사역과 관련하여 한 가지 잊지 말아야 할 것은, 예수 그리스도의 구원은 인간에게만-비록 인간의 구원이 하나님의 구원 사역의 중심에 있을지라도-한정되지 않는다는 것이다. 그것은 하나님의 창조세계 전체를 포함한다. 그래서 믿음이 있는 사람들은 구원을 받고 또한 모든 피조물이 구속을 받게 될 것이다. R. A. 토레이(R. A. Torrey)는 이러한 사실을 다음과 같이 아주 멋지게 표현했다. "우리 주님의 재림의 결과로 새롭고 영광스런 우주 안에 새롭고 영광스런 사회 속의 새롭고 영광스런 몸을 입은 새롭고 영광스런 인간이 있게 될 것이다." 하나님이 아들 예수 그리스도의 구원 사역의 결과로 인간과 창조세계 전체가 새롭게 될 것이다. 하나님의 때가 차면 그 날이 우리에게 올 것이다. 그것이 바로 기독교 신앙이 말하는 구원의 참된 의미이며, 예수 그리스도가 이 땅에 오신 주된 이유요 목적이다.

예수 그리스도와 하나님의 새로운 백성

어떤 일을 시작할 때 격려하는 차원에서 많이 인용하는 "네 시작은 미약하였으나 네 나중은 심히 창대하리라"(욥 8:7)는 성구는 비록 수아 사람 빌닷이 욥을 비판하기 위해 한 말이었지만 예수님의 제자 삼는 사역에 가장 걸맞은 말이기도 하다.

예수님의 제자 삼는 사역의 처음은 두 사람을 부르시는 일로부터 시작되었다.

> 요한이 잡힌 후 예수께서 갈릴리에 오셔서 하나님의 복음을 전파하여 이르시되 때가 찼고 하나님의 나라가 가까이 왔으니 회개하고 복음을 믿으라 하시더라 갈릴리 해변으로 지나가시다가 시몬과 그 형제 안드레가 바다에 그물 던지는 것을 보시니 그들은 어부라 예수께서 이르시되 나를 따라 오라 내가 너희로 사람을 낚는 어부가 되게 하리라 하시니 곧 그물을 버려 두고 따르니라.(막 1:14-18)

이 말씀에서 보듯이, 예수님의 제자 삼는 사역의 처음은 참으로 미약한 것이었다. 그러나 나중에 그것은 심히 창대하게 되었다. 세상의 많은 사람들이 예수 그리스도를 통해 구원을 받고 하나님의 나라를 위한 그분의 제자들이 된 것이다.

예수님의 사역의 궁극적인 목표는 소수에 있지 않았다. 다수에 있었다. 그 다수는 하나님 나라의 새로운 백성을 의미했다. 실제로, 예수님은 하나님의 새로운 백성을 형성하기 위해 오셨다. 온 세상을 향한 하나님의 구원과 복 주심을 위해 부르심을 받았던 하나님의 백성 이스라엘이 그 사역을 제대로 감당하지 못하고 계속해서 하나님의 뜻을 저버리게 되자, 하나님은 아들을 통해 새로운 백성을 형성하고자 하신 것이다. 우리는 예수님의 다음의 말씀에서 그런 사실을 엿볼 수 있다.

> 너희(행악하는 모든 자들)가 아브라함과 이삭과 야곱과 모든 선지자는 하나님 나라에 있고 오직 너희는 밖에 쫓겨난 것을 볼 때에 거기서 슬피 울며 이를 갈리라 사람들이 동서남북으로부터 와서 하나님의 나라 잔치에 참여하리니 보라 나중 된 자로서 먼저 될 자도 있고 먼저 된 자로서 나중 될 자도 있느니라.(눅 13:28-30)

예수님은 소수의 제자 공동체를 통해 다수의 제자 공동체를 형성하고자 하셨다. 소수의 백성 공동체를 통해 다수의 백성 공동체를 형성하고자 하셨다. 그리고 실제로 그렇게 되었다.

교회는 예수 그리스도에 의해 새롭게 형성된 하나님의 백성 공동체이다. 그것은 하나님의 구원 계획안에 있다. 그것은 하나님이 자신의 구원 계획으로 이루실 참된 인간 공동체의 모습이다. 그렇지만 그 공동체는 하나님의 옛 백성 공동체(옛 이스라엘)가 아니다. 하나님의 새 백성 공동체(새 이스라엘)이다. 그 공동체의 머리는 예수 그리스도이시며, 그 백성의 통치자는 모든 피조물의 왕이 되시는 하나님이시다.

우리는 예수 그리스도를 믿는 믿음을 통해 하나님의 새로운 백성을 이루는 각각의 구성원들이 된다. 사도 바울은 이것을 다음과 같이 표현했다. "우리가 한 몸에 많은 지체를 가졌으나 모든 지체가 같은 직분을 가진 것이 아니니 이와 같이 우리 많은 사람이 그리스도 안에서 한 몸이 되어 서로 지체가 되었느니라" (롬 12:4-5).

> 몸은 하나인데 많은 지체가 있고 몸의 지체가 많으나 한 몸임과 같이 그리스도도 그러하니라 우리가 유대인이나 헬라인이나 종이나 자유자나 다 한 성령으로 세례를 받아 한 몸이 되었고 또 다 한 성령을 마시게 하셨느니라 몸은 한 지체뿐 아니요 여럿이니…이제 하나님이 그 원하시는 대로 지체를 각각 몸에 두셨으니 만일 다 한 지체 뿐이면 몸은 어디뇨 이제 지체는 많으나 몸은 하나라…오직 하나님이 몸을 고르게 하여 부족한 지체에게 존귀를 더하사 몸 가운데서 분쟁이 없고 오직 여러 지체가 서로 같이하여 돌아 보게 하셨으니 만일 한 지체가 고통을 받으면 모든 지체도 함께 고통을 받고 한 지체가 영광을 얻으면 모든 지체도 함께 즐거워하나니 너희는 그리스도의 몸이요 지체의 각 부분이라.**(롬 12:12-14, 18-20, 24-27)**

우리는 예수 그리스도를 믿고 따르는 삶을 통해 하나님의 구원에 참여하게 된다. 그렇게 할 때 하나님의 구원 사역에 응답하는 것이 된다. 예수님의 제자가 되는 것은 하나님의 새로운 백성이 되는 것이다. 그래서 우리에게 믿음이 있다면, 우리는 예수님의 제자이면서 하나님의 새로운 백성이다. 하나님의 백성에게는 하나님 나라에서의 영원한 삶이 선물로 주어진다. 믿는 자들에게는 이런 놀라운 축복이 따르는 것이다.

* * *

이 세상에는 영원히 꺼지는 않는 희망의 빛이 있다. 그 빛은 어둠은 물리치고 밝음은 더 밝게 하는 하나님의 진리의 등불이다. 바로 예수 그리스도이시다. 그분은 이 세상을 구원하시고 하나님의 새로운 백성, 즉 교회를 형성하시기 위해 아버지 하나님이 보내신 아들 하나님이다.

하나님의 새로운 백성을 형성하시는 예수님의 사역은 제자 삼는 일을 통해 이루어졌다. 교회는 하나님의 새로운 백성이요 제자들의 유기적 모임이다. 예수님의 제자들의 공동체이다. 하나님의 아들 예수 그리스도라는 희망의 빛을 따라 사는 사람들이다. 그래서 그들 또한 세상의 빛으로 존재할 수 있게 된다.

7장

성령의 능력 안에 있는 교회: 하나님이 교회를 통해 역사를 새롭게 하시다

하나님의 아들 예수 그리스도의 부르심을 받고 따르는 사람들이 된 제자들은 예수님으로부터 자신의 제자 삼는 사역을 이어가라는 명령을 받았다(마 28:18-20). 예수님은 제자들에게 그것을 명하신 후, "볼지어다 내가 세상 끝날까지 너희와 항상 함께 있으리라"고 말씀하시고는 하늘 아버지께로 돌아가셨다.

제자들이 예수님으로부터 받은 명령의 요지는 이것이다. 첫째는 모든 민족을 제자 삼는 것이고, 둘째는 아버지와 아들과 성령의 이름으로 세례를 주는 것이며, 셋째는 예수님이 제자들에게 분부하신 모든 것을 가르쳐 지키게 하는 것이었다.

다른 한편으로, 예수님은 자신이 아버지께로 가시기 전에 제자들에게 아버지 하나님으로부터 성령이 오실 것을 말씀하셨다

(요 14:16, 26; 15:26; 16:7). 그리고 누가에 따르면, 예수님은 부활하신 후에 사십일 동안 하나님 나라의 일을 하시면서 제자들에게 나타나셔서 그들에게 이렇게 말씀하셨다. "예루살렘을 떠나지 말고 내게 들은바 아버지의 약속하신 것을 기다리라 요한은 물로 세례를 베풀었으나 너희는 몇 날이 못되어 성령으로 세례를 받으리라"(행 1:4-5). 제자들은 예수님의 말씀대로 예수님이 아버지 하나님께로 가신 다음, 예루살렘을 떠나지 않고 성령의 세례를 기다렸다.

성령과 교회–성령이 제자들에게 임하시다

사도행전 2장에는 제자들이 예수님의 말씀에 따라 예루살렘을 떠나지 않고 마가 다락방에서 성령을 기다리다가 성령을 받는 장면이 나온다. "오순절 날이 이미 이르매 그들이 다같이 한 곳에 모였"다(행 2:1). 그때 "홀연히 하늘로부터 급하고 강한 바람 같은 소리가" 있었고, "그들이 앉은 온 집에 가득하며 마치 불의 혀처럼 갈라지는 것들이 그들에게 보여 각 사람 위에 하나씩 임하여 있더니 그들이 다 성령의 충만함을 받고 성령이 말하게 하심을 따라 다른 언어들로 말하기를 시작"했다(행 2:2-4).

이 기사는 기독교 교회와 관련하여 세 가지 중요한 점을 나타낸다.

첫째, 기독교 교회의 본격적인 시작은 오순절 날 성령이 제자들에게 임함으로써 시작되었다는 것이다. 물론, 기독교 교회는 근본적으로는 구약과 관련되어 있다. 데이빗 왓슨(David Watson)이 말하는 것처럼, 이스라엘은 "기독교 교회의 그림자(shadow)" 이다. 그리고 예수님과 그분의 제자들은 교회의 바탕이다. 그러나 삼위일체 하나님을 섬기는 기독교 교회의 구체적인 태동은 오순절 날 성령이 예수 제자 공동체에 임하심으로부터 시작되었다고 할 수 있다.

둘째, 기독교 교회는 성령의 능력 안에 있다고 하는 것이다. 그래서 교회는 성령의 능력을 힘입을 때만 능력이 있는 교회가 되며 교회다운 교회가 된다. 교회가 성령의 능력과 다스림을 떠나면 생명력을 상실하게 되며 또 하나의 인간 집단이 되고 만다.

셋째, 기독교 교회는 왕이신 하나님의 역사적 행위의 결과로서 존재하게 되었다고 하는 것이다. 그래서 교회는 신적 기원을 가지고 있다. 교회는 사람들에 의해 자발적으로 형성된 인간 공동체가 아니라 삼위일체 하나님의 한 위이신 성령 하나님에 의해 시작된 신앙 공동체이다. 예수 그리스도의 십자가의 보혈을 통해 하나님의 구속함을 받은 사람들로 이루어진 영적 공동체이다.

이 세 가지 사항은 우리가 교회를 바르게 이해하려 할 때 반드시 기억해야 할 점이다.

교회의 세 가지 존재 방식

교회는 보혜사 성령의 인도를 따라 창조주 하나님을 섬기는,

즉 예수 그리스도 안에서 성부 하나님을 섬기는 독특하고 특별한 신앙 공동체이다. 그래서 교회는 하나님과 관련하여서만 의미와 가치를 지니는 공동체라고 할 수 있다.

교회가 하나님의 교회가 되기 위해서는 특히 다음의 3가지 존재 방식을 지닐 필요가 있다.

첫째, 교회는 하나님을 **향하여**(toward) 존재한다. 왜냐하면 교회는 예수 그리스도 안에서 하나님의 부르심을 받고 그 부르심에 응답하여 모인 사람들의 영적 공동체이기 때문이다. 교회는 왕이신 하나님께 속한다. 교회는 하나님과의 친밀한 관계를 위해서 부르심을 받았다. 그래서 교회는 늘 하나님을 향하여 살아야 한다. 날마다 하나님을 향하여 나아가야 한다. 교회에 하나님을 향하는 삶이 없으면 그리고 하나님과의 관계적 삶이 없으면, 그 교회는 이미 교회 됨의 의미와 가치를 상실한 것이다. 왓슨은 이렇게 말한다. "교회는 결코 선행(good works)을 위한 종교 사회가 되어서는 안 된다. 그 모든 중심에는 이러한 하나님과의 개인적이며 공동적인(corporate) 관계가 있다."

둘째, 교회는 하나님을 **위해서**(for) 존재한다. 교회는 결코 자신을 위해서 존재하지 않는다. 하나님이 사람들을 부르셔서 교회를 형성하신 것은 그 자체가 목적이 아니다. 다른 목적, 즉 하나님의 목적을 위해서다. 그래서 하나님의 목적이 교회의 목적이 된다. 교회는 하나님의 목적을 위해서 존재한다. 물론, 교회 자체는 하나님의 구속 사역의 목적의 한 부분을 차지한다. 그러나 교회가 존재하는 목적은 그 이상이다. 교회는 하나님을 위해서 있는 것이다. 그래서 하나님의 부르심의 목적에 부합되지 않는 교회는 바른 교회, 참된 교회라고 볼 수 없다.

셋째, 교회는 성령의 능력 안에서(in) 존재한다. 위르겐 몰트만(Jürgen Moltmann)은 이렇게 말한다. "교회는 〈성령의 현존〉 안에서 도래하는 왕국을 향한 메시야적 백성으로서의 자신을 이해한다…〈성령의 능력 안에서〉 교회는 이 세상 안에서 하나님 나라를 보좌하는 메시야적 예배공동체로서 자신을 경험한다." 이 말이 의미하는 바, 하나님의 모든 교회는 근본적으로 성령과 관계가 있으며 또한 성령의 능력 안에 있다는 것이다.

이처럼, 교회는 성령의 능력을 바탕으로 존재해 간다. 교회는 성령의 능력 안에서 그 능력을 힘입으면서 하나님을 향하여 자라가고 그 과정에서 하나님을 위해 존재해 갈 때 교회다운 교회, 세상에서 빛과 소금의 역할을 제대로 감당하는 좋은 교회로 서가게 된다.

교회가 세상의 역사를 바꾸다

위에서 살펴본 대로, 교회의 존재 목적 중 하나는 하나님의 구원 사역에 참여하는 것이다. 그 참여의 결과는 인간의 역사가 바뀌는 것이다. 왜냐하면 왕이신 하나님의 사역은 인간의 역사를 새롭게 하시는 것이기 때문이며, 하나님은 교회를 사용하셔서 자신의 계획과 목적을 이루어 가시기 때문이다. 물론, 그런 결과는 오직 교회가 하나님 앞에서 바르게 존재해갈 때 나타난다.

우리는 예수님의 제자들과 그들의 사역으로 말미암아 믿는 자들이 된 많은 사람들 사이에서 일어나는 성령의 역사를 다루고 있는 사도행전을 통해 그런 사실을 확인할 수 있다. 오순절 날, 마가 다락방에서 성령의 역사를 경험한 예수님의 제자들은 성령을 받은 후에 곧바로 나가서 복음을 전했다. 그들은 모두 "성령의 충만함을 받고 성령이 말하게 하심을 따라 다른 언어들로 말하기를 시작" 했다(행 2:4). 그로 인해, 그곳에 모인 많은 사람들이 놀라며 당황했다. 그러나 그들은 그렇게 하는 것에 그치지 않았다. 한 걸음 더 나아가 베드로의 설교를 듣고 "회개하여 각각 예수 그리스도의 이름으로 세례를 받고 죄 사함을" (행 2:38) 받음으로 믿는 자들이 되었다.

이런 역사는 성령의 능력과 사역 안에서 강력하게 진행되어 갔다. 그래서 날마다 믿는 자들이 더하게 되었다. 하나님이 "구원받는 사람을 날마다 더하게" 하셨기 때문이다(행 2:47). 이렇듯, 성령의 능력 안에서 교회는 계속해서 성장해 갔다.

그러나 그 과정에서 그리스도인들에 대한 유대인들의 박해가 일어났다. 예루살렘에 큰 박해가 일어나 수많은 그리스도인들이 뿔뿔이 흩어지게 되었다. 그러나 그런 흩어짐은 결과적으로 복음을 전파하는데 유익하게 작용했다. 박해로 인한 흩어짐은 복음이 이방으로 전파되는데 중요한 역할을 한 것이다. 사울이었던 바울이 그런 일을 한 사람들 중 대표적인 사람이었다. 그러나 하나님의 구원의 복음이 전파되는데는 우리에게 알려진 사람들뿐만 아니라 우리에게 알려지지 않았지만 자신들의 생명을 바쳐 복음을 위해 수고했던 무수한 사람들이 있었다. 그들은 모두 인간의 역사를 새롭게 하시는 하나님의 손에 의해 귀하게 쓰임을 받았다.

그 이후로 하나님은 계속해서 경건한 그리스도인들과 교회를 사용하여 인간의 역사를 새롭게 하셨다. 그 사역의 중심에는 성령이 계시며, 교회는 그 사역의 도구였다. 그리고 성령의 사역을 통해 우리도 복음을 듣게 되었다.

복음이 들어가는 곳에는 어느 곳이든 자유와 해방이 있었다. 구원과 변화가 있었다. 결과적으로 역사가 점차 새롭게 되었다. 하나님은 그 일을 교회를 통해 행하셨다. 물론, 교회가 언제나 그 일을 온전하게 감당한 것은 아니다. 때로는 잘못되기도 했고, 때로는 그 일에 방해가 되기도 했다. 그러나 그럴 때마다 하나님은 신실한 일꾼들을 세우셔서 교회를 새롭게 하셨다(루터나 칼빈이 그 좋은 예다). 자신의 자서전으로서의 인간의 역사, 사탄에 의해 왜곡된 역사를 새롭게 하시기 위해서였다.

앞으로도 하나님은 인간의 역사를 새롭게 하시는 사역을 멈추지 않으실 것이다. 하나님의 나라가 온전하게 이루어질 때까지 그렇게 하실 것이다. 하나님은 그 일을 위해 앞으로도 계속해서 교회를 사용하실 것이다. 하나님의 교회를 구성하는 지체들로서 우리가 그 일에 쓰임을 받는 것은 큰 영광이다. 하나님의 구원 역사의 한 장을 채우는 것이기 때문이다. 우리는 그것에 대한 자부심과 긍지를 갖고 믿음의 길을 갈 필요가 있다. 하나님의 교회를 섬길 필요가 있다.

우리가 하나님의 부르심에 제대로 응답하며 산다면, 우리는 하나님의 소중한 일을 감당하는 것이 된다. 우리가 성령의 능력 안에 있다면 그리고 우리가 속한 교회가 성령의 능력 안에 있다면, 우리와 우리의 교회는 역사를 새롭게 하시는 하나님의 사역에 참여하고 있는 것이다. 그래서 믿음의 길은 복되고 영광스럽고 행복한 길이다. 모세는 죽기 직전 이스라엘 백성에게 행하는 설교에서 이렇게 말했다. "이스라엘이여 너는 행복한 사람이로다 여호와의 구원을 너 같이 얻은 백성이 누구냐"(신 33:29). 우리가 성령의 능력 안에서 우리에게 주어진 믿음의 사역을 잘 감당하며 살면, 우리는 진정 행복한 사람이다. 그리고 그 날에 하나님으로부터 "착하고 충성된 종"이라는 칭찬을 듣게 될 것이다.

* * *

교회는 홀로 존재하지 않는다. 더 정확히 말하면, 교회는 홀로 존재할 수 없다. 성령과 함께 존재한다. 참된 교회는 성령의 능력 안에 있기 때문이다. 교회가 성령을 떠나면, 그것은 이미 교회가 아니다. 교회가 성령의 인도와 가르침을 제대로 따르면, 교회는 세상의 변혁자가 된다. 왜냐하면 하나님은 교회를 통해서 세상의 역사를 바꾸어 오셨고, 그 일을 위해 교회를 세우셨기 때문이다. 그러므로 교회는 세상의 희망이라고 말할 수 있다.

8장

새 하늘과 새 땅:
하나님이 만물을 새롭게 하신다

지금까지 우리는 왕이신 하나님이 자신의 자서전으로서의 역사 가운데서 행하신 위대한 일들을 살펴왔는데, 이제는 그 마지막 일-하나님 나라의 완성-에 이르게 되었다. 우리가 알고 있듯이, 그 마지막 일은 아직 온전하게 이루어지지 않았다. 그러나 그것은 하나님의 시간이 되면 온전하게 이루어질 것이다. 특히, 우리가 살아가는 시대의 역사적 상황을 볼 때, 그 시간은 그리 머지 않아 보인다.

태초에 시작된 하나님의 자서전으로서의 인간의 역사는 하나님의 인간 창조와 그 인간의 타락, 인류의 구원을 위한 이스라엘의 선택, 예수 그리스도의 화육(또는 성육신)과 제자 공동체의 형성 그리고 성령의 역사에 근거한 기독교 제자 공동체로서의 교회의 형성과 인간의 역사를 새롭게 하는 역사 속의 교회의 역할의 과정을 거쳐, 이제는 역사의 마지막-하나님 나라의 완성-을 향하여 진행되고 있다. 인간의 역사는 계속적으로 순환되거나 앞을 향해 끊임없이 흘러가는 것이 아니라 그 마지막을 향하여 가고 있는 것이다. 그리고 결국에는 역사의 종착점-하나님 나라의 완성-에 이르게 될 것이다. 이것이 바로 인간의 역사에 관해 성서가 말하는 것이다.

새 하늘과 새 땅, 창조 세계의 회복, 하나님 나라의 완성, 예수 그리스도의 재림, 그리고 하나님 나라에서의 영원한 삶과 같은 말들은 모두 기독교 신앙의 핵심 개념들이다. 그리고 그것들은 모두 인간의 역사의 끝, 즉 이 세상의 마지막과 관련되어 있다.

인간의 역사와 세상의 종말

기독교 신앙은 종말을 인정하고 강조하는 신앙이다. 왜냐하면 기독교 신앙의 관점에서 인간의 역사는 바로 종말을 향해 가고 있기 때문이며, 하나님의 구속적 사역의 궁극적인 도달점은 바로 종말을 지나 영원한 하나님의 나라이기 때문이다.

예수님도 종말에 대해 가르치셨다. 예수님은 마지막 날에 될 일들에 대해 제자들에게 다음과 같이 말씀하셨다.

> 그 때에 많은 사람이 실족하게 되어 서로 잡아 주고 서로 미워하겠으며 거짓 선지자가 많이 일어나 많은 사람을 미혹하겠으며 불법이 성

하므로 많은 사람의 사랑이 식어지리라 그러나 끝까지 견디는 자는 구원을 얻으리라 이 천국 복음이 모든 민족에게 증언되기 위하여 온 세상에 전파되리니 그제야 끝이 오리라.**(마 24:10-14)**

그리고 아버지께로 돌아가시기 전에는 제자들에게 이렇게 말씀하셨다. "너희는 가서 모든 민족을 제자로 삼아 아버지와 아들과 성령의 이름으로 세례를 베풀고 내가 너희에게 분부한 모든 것을 가르쳐 지키게 하라 볼지어다 내가 세상 끝날(the end of the age or the end of the world)까지 너희와 항상 함께 있으리라"(마 28:19-20). 예수님은 이 두 말씀에서 "세상의 끝"에 대해 언급하신다. 세상은 끝이 나는 날이 있음을 분명하게 말씀하신 것이다.

이처럼, 기독교 신앙에서 종말은 중요한 자리를 점한다. 하지만 일반적으로 불신자들뿐만 아니라 신자들에게도 종말이란 말은 긍정적인 의미보다는 부정적인 의미로 더 많이 사용되어져 온 것이 사실이다. 그래서인지, 사람들은 종말이란 말을 별로 좋아하지 않는 경향이 있다. 많은 사람들에게 그 말은 어둡고 불길하고 오싹한 기분이 들게 하는 것이다. 그래서 대부분의 사람들은 그 말을 언급하기를 꺼려하며, 종종 기분 나빠해 하기도 한다.

그러나 기독교적 관점에서 종말이란 말은 전혀 어둡지 않다. 오히려 그 반대다. 성서가 말하는 종말은 무척 밝고 희망적이다. 왜냐하면 종말의 시간이 될 때, 하나님은 인류와 창조세계에 죽음과 고통을 가져온 사탄의 세력, 어둠의 세력을 완전하게 물리치시고 새로운 세상을 여실 것이기 때문이다. 그리고 하나님의 나라는 빛의 나라이기 때문이다. 하나님은 그 때를 위해 지금도 인간의 역사 안에서 행하고 계신다.

교회를 통해 세상과 인간의 역사를 변화시켜오신 하나님은 인간의 역사와 관련하여 궁극적인 목적을 가지고 계신다. 역사 안에서의 하나님의 사역은 목적이 분명하다. 그것은 하나님의 창조세계를 새롭게 하고 하나님의 나라를 완성하는 것이다. 기독교 신앙은 그 시간을 종말이라고 말한다.

그래서 종말은 희망의 시간이다. 희망의 하나님이 희망을 온전하게 성취하실 것이기 때문이다. 인간의 희망은 희망의 하나님으로부터 온다. 특히, 하나님의 희망은 예수 그리스도 안에서 인간의 역사 가운데 구현되었다. 예수 그리스도의 존재와 삶을 보면, 우리는 "그 희망"을 보고 느낄 수 있다. "보라 너희가 다 각각 제 곳으로 흩어지고 나를 혼자 둘 때가 오나니 벌써 왔도다 그러나 내가 혼자 있는 것이 아니라 아버지께서 나와 함께 계시느니라 이것을 너희에게 이름은 너희로 내 안에서 평안을 누리게 하려 함이라 세상에서는 너희가 환난을 당하나 담대하라 내가 세상을 이기었노라"(요 16:32-33). "예수께서 가라사대 나는 부활이요 생명이니 나를 믿는 자는 죽어도 살겠고 무릇 살아서 나를 믿는 자는 영원히 죽지 아니하리니 이것을 네가 믿느냐"(요 11:25-26). 맥그래스는 예수님의 희망의 삶과 관련하여 이렇게 말한다. "기독교는 죽음을 이길 수 있고 또 고통 당하고 죽는 모든 사람들에 희망을 주시는 하나님께 대한 믿음과 신뢰를 위한 근거로서의 예수님의 부활에 초점을 맞추는 희망의 종교이다.”

이처럼, 인간의 역사와 세상에 필연적인 종말은 어둡지 않다. 그것은 인간에게 그리고 모든 피조물에게 희망과 기쁨의 시간이다. 그것은 우리와 현재의 세상이 더 좋은 세상으로 가는 하나의 과정이며, 하나님의 역사의 완성으로 가는 통로이다. 그래서 하나님을 믿는 믿음만 있다면, 누구나 종말을 희망차게 맞이할 수 있다.

새롭게 될 세상, 하나님의 세상

요한계시록 21장 1-2절에서 사도 요한은 이렇게 기록하고 있다. “또 내가 새 하늘과 새 땅을 보니 처음 하늘과 처음 땅이 없어졌고 바다도 다시 있지 않더라 또 내가 보매 거룩한 성 새 예루살렘이 하나님께로부터 하늘에서 내려오니 그 예비한 것이 신부가 남편을 위하여 단장한 것 같더라.” 이 본문은 하나님의 역사가 완성될 때의 창조세계의 모습을 묘사한다. 그 세상은 처음 하늘과 처음 땅이 없어지고 새 하늘과 새 땅이 된 세상을 말한다.

그렇지만 우리가 사는 세상은 아직 그와 같은 온전한 세상이 아니다. 새롭게 된 세상이 아니다. 우리가 사는 세상에는 여전히 죄와 고통과 절망과 슬픔과 죽음이 있다. 때문에 그런 현실 앞에서 때로는 성서가 묘사하는 새로운 세상, 하나님에 의해 구속함을 받은 세상에 대한 비전이 비현실적으로 여겨지기도 한다. 그저 종교적 희망의 투영에 불과한 것으로 보여지기도 한다. 하지만 그런 회의에도 불구하고, 성서는 그것이 거짓이 아니며 언젠가 그 비전이 인류의 현실이 될 날이 있음을 분명하게 말한다. 그런 이유로, 모든 신실한 그리스도인들은 그것을 믿고 바라면 산다.

그러면 새롭게 될 세상은 어떤 세상인가? 하나님이 세상을 온전하게 구속하실 때의 세상은 어떤 모습일까? 아쉽게도, 성서는 새롭게 될 세상에 대해 구체적이고 상세한 설명을 제시하지 않는다. 그러나 다행히도 전체적인 큰 그림은 제공한다. 예수님이 하나님의 나라에 대해 가르치실 때 "천국은 마치…같으니"라고 말씀하셨던 것처럼, 성서는 "새롭게 될 세상은 이와 같다"라는 전체적인 큰 그림, 전체적인 묘사를 제공한다. 그래서 우리는 새롭게 될 세상에 대해 모든 것을 다 알 수는 없지만 성서의 설명을 따라 개략적으로는 파악할 수 있다.

성서 전체에 걸쳐 그 전체적인 큰 그림을 묘사하는 말씀들 중 특히 세 부분이 눈에 띈다.

첫째는 호세아 2장 18-20절의 말씀이다. "그 날에는 내가 그들을 위하여 들짐승과 공중의 새와 땅의 곤충과 더불어 언약을 맺으며 또 이 땅에서 활과 칼을 꺾어 전쟁을 없이 하고 그들로 평안히 눕게 하리라 내가 네게 장가들어 영원히 살되 공의와 정의와 은총과 긍휼히 여김으로 네게 장가들며 진실함으로 네게 장가들리니 네가 여호와를 알리라."

둘째는 이사야 43장 19-20절의 말씀이다. "보라 내가 새 일을 행하리니 이제 나타낼 것이라 너희가 그것을 알지 못하겠느냐 반드시 내가 광야에 길을 사막에 강을 내리니 장차 들짐승 곧 승냥이와 타조도 나를 존경할 것은 내가 광야에 물을, 사막에 강들을 내어 내 백성, 내가 택한 자에게 마시게 할 것임이라."

셋째는 요한계시록 21장 3-5절의 말씀이다. "내가 들으니 보좌에서 큰 음성이 나서 이르되 보라 하나님의 장막이 사람들과 함께 있으매 하나님이 그들과 함께 계시리니 그들은 하나님의 백성이 되고 하나님은 친히 그들과 함께 계셔서 모든 눈물을 그 눈에서 닦아주시니 다시는 사망이 없고 애통하는 것이나 곡하는 것이나 아픈 것이 다시 있지 아니하리니 처음 것들이 다 지나갔음이러라 보좌에 앉으신 이가 이르시되 보라 내가 만물을 새롭게 하노라 하시고 또 이르시되 이 말은 신실하고 참되니 기록하라 하시고."

위의 구절들은 장차 이 세상이 변화되어 새롭게 될 세상을 묘사한다. 그 세상은 참으로 아름답고 멋진 세상이다. 창조주 하나님 앞에서 그분의 모든 피조물들이 완벽하게 조화를 이루게 될 아름다운 세상이다. 우리가 이상적으로 꿈꾸는 바로 그런 세상이다. 그 세상은 하나님의 역사적 행위, 즉 왕의 사역을 통해 이루어질 것이다. 우리는 진정 그 세상을 바라고 꿈꾼다. 그리고 때가 되면, 그곳에서 주님과 함께 영원히 깨지지 않는 행복한 삶을 살게 될 것이다.

예수 그리스도의 재림과 세상의 끝

그러면 그 세상은 언제 그리고 어떻게 우리에게 도래하는가? 그 세상은 바로 하나님이 정하신 시간이 될 때 예수 그리스도의 재림과 함께 올 것이다. 하나님의 구속 사역의 완성은 예수 그리스도의 재림과 더불어 이루어지기 때문이다. 예수 그리스도의 재림 사건은 하나님이 역사 가운데서 행하신 위대한 일들의 절정이며 꽃이 될 것이다.

예수님은 자신이 다시 오실 것이라고 분명하게 말씀하셨다. 오시되, 속히 그러나 홀연히 다시 오실 것이라고 말씀하셨다. "내가 진실로 속히 오리라"(계 22:20).

> 그 때에 인자가 구름을 타고 큰 권능과 영광으로 오는 것을 사람들이 보리라 또 그 때에 그가 천사들을 보내어 자기가 택하신 자들을 땅 끝으로부터 하늘 끝까지 사방에서 모으리라 무화과나무의 비유를 배우라 그 가지가 연하여지고 잎사귀를 내면 여름이 가까운 줄을 아나니 이와 같이 너희가 이런 일이 일어나는 것을 보거든 인자가 가까이 곧 문 앞에 이른 줄을 알라 내가 진실로 너희에게 말하노니 이 세대가 지나가기 전에 이 일이 다 일어나리라 천지는 없어지겠으나 내 말은 없어지지 아니하리라 그러나 그 날과 그 때는 아무도 모르나니 하늘에 있는 천사들도, 아들도 모르고 아버지만 아시느니라 주의하라 깨어 있으라 그 때가 언제인지 알지 못함이라 가령 사람이 집을 떠나 타국으로 갈 때에 그 종들에게 권한을 주어 각각 사무를 맡기며 문지기에게 깨어 있으라 명함과 같으니 그러므로 깨어 있으라 집 주인이 언제 올는지 혹 저물 때일는지, 밤중일는지, 닭 울 때일는지, 새벽일

> 는지 너희가 알지 못함이라 그가 홀연히 와서 너희가 자는 것을 보지 않도록 하라 깨어 있으라 내가 너희에게 하는 이 말은 모든 사람에게 하는 말이니라.**(막 13:26-37)**

예수 그리스도의 재림은 하나님 나라의 복음이 온 세상에 전파되어 모든 민족에게 증언될 때 이루어질 것이며, 그 때 세상은 끝이 올 것이다(마 24:14).

지금 역사의 진행은 바로 예수 그리스도의 재림, 즉 하나님 나라의 완성을 향하고 있다. 그러므로 속히 그리고 홀연히 오시겠다고 말씀하신 주님의 말씀 앞에서 우리가 해야 할 일은 "아멘 주 예수여 오시옵소서"라고 말하고는 그 기다림과 희망 안에서 복음에 합당하게 살아가는 것이다.

세상의 종말을 인식하는 사람의 바른 삶

사도 바울은 말세에 일어날 현상들에 대해 디모데에게 이렇게 쓰고 있다.

> 너는 이것을 알라 말세에 고통하는 때가 이르러 사람들이 자기를 사랑하며 돈을 사랑하며 자랑하며 교만하며 비방하며 부모를 거역하며 감사하지 아니하며 거룩하지 아니하며 무정하며 원통함을 풀지 아니하며 모함하며 절제하지 못하며 사나우며 선한 것을 좋아 아니하며 배신하며 조급하며 자만하며 쾌락을 사랑하기를 하나님 사랑하는 것보다 더하며 경건의 모양은 있으나 경건의 능력은 부인하니 이 같은 자들에게서 네가 돌아서라.**(딤후 3:1-5)**

세상의 끝을 믿지 않는 사람들은 그리고 내세를 믿지 않는 사람들은 이 세상이 그들의 삶의 전부이기 때문에 살아 있는 동안 최대한 인생을 즐기려고 한다. 그래서 자기들이 원하는 삶의 방식을 취한다. 그런 삶의 방식은 대개 위에서 사도 바울이 말하는 것과 같은 성격을 띤다. 하나님이 인정되지 않는다면, 윤리나 도덕은 무의미한 것이 되기 때문이다.

그러나 하나님을 인정하고 종말후의 삶을 믿는 사람들은 다른 삶의 방식을 취하게 된다. 경건한 삶을 추구한다. 죽음 후의 심판을 믿기 때문이다(히 9:27). 그래서 그런 사람들은 하나님이 기뻐하시는 삶의 방식을 추구하며 산다. 사도 바울은 이렇게 말한다.

> 또한 너희가 이 시기를 알거니와 자다가 깰 때가 벌써 되었으니 이는 이제 우리의 구원이 처음 믿을 때보다 가까웠음이라 밤이 깊고 낮이 가까웠으니 그러므로 우리가 어둠의 일을 벗고 빛의 갑옷을 입자 낮에와 같이 단정히 행하고 방탕하거나 술 취하지 말며 음란하거나 호색하지 말며 다투거나 시기하지 말고 오직 주 예수 그리스도로 옷 입고 정욕을 위하여 육신의 일을 도모하지 말라.**(롬 13:11-14)**

하나님의 역사적 행위를 믿는 사람들은 그리고 하나님 안에 있는 영원한 삶을 믿는 사람들은 그에 합당한 삶의 방식을 추구한다. 육신의 일을 도모하는 대신에 영의 일을 도모한다. 그리고 하나님이 기뻐하시는 것이 무엇인지를 구하고 분별하면서 인생길을 간다. 왜냐하면 그들은 새롭게 될 세상에서 하나님과 함께 영원한 생명을 누리기를 원하기 때문이다. 그들은 모두 사도 바울의 다음 고백을 가슴에 안고 살아간다. "나는 선한 싸움을 싸우고 나의 달려갈 길을 마치고 믿음을 지켰으니 이제 후로는 나를 위하여 의의 면류관이 예비되었으므로 주 곧 의로우신 재판장이 그 날에 내게 주실 것이며 내게만 아니라 주의 나타나심을 사모하는 모든 자에게도니라" (딤후 4:7-8). 우리 모두의 삶에 이 고백이 늘 힘차고 생명력 있게 메아리치기를 소원한다.

* * *

인간의 역사는 끝이 나는 날이 있다. 그것은 지금도 완성을 향해 계속 진행되고 있기 때문이다. 그러나 인간의 역사에는 끝이 있다는 말이 곧 존재하는 모든 것이 사라진다는 것을 의미하지는 않는다. 오히려 그것은 또 다른 세상이 시작된다는 것을 의미한다. 여기에서 또 다른 세상은 하나님의 구속 사역이 완성된 세상을 말한다. 지금의 이 세상과는 전혀 다른 세상을 말한다. 존재하는 모든 것이 새롭게 될 세상이다. 그래서 그 세상은 분명 꿈 같은 세상일 것이다.

그 세상을 믿고 또 의식하며 사는 사람들은 그렇지 않은 사람들과 다른 삶을 살 수 밖에 없다. 그 세상에 맞는 삶의 방식을 취할 것이다. 그 세상을 고대하며 그 세상에 들어가서 살고 싶은 바람 때문이다. 그것이 믿는 사람들과 믿지 않는 사람들의 삶이 질적으로 다른 이유이다.

9장

하나님의 위대한 일들과 작은 나: 하나님이 나를 구원하시다

지금까지 우리는 "하나님의 위대하심"에 초점을 맞춰 역사의 주요 왕이신 하나님이 자신의 자서전으로서의 역사 가운데서 행하신 위대한 일들에 대해 살펴보았다. 우리가 살펴본 대로, 하나님이 역사 가운데 행하신 일들은 위대하고 현저하다. 실로 그것들은 오직 하나님만이 하실 수 있는 일들이요 하나님의 섭리의 결과이다.

주님의 크신 능력을 경험했던 시인은 이렇게 노래했다.

> 여호와여 주께서 행하신 일이 어찌 그리 크신지요 주의 생각이 매우 깊으시니이다 어리석은 자도 알지 못하며 무지한 자도 이를 깨닫지 못하나이다 악인들은 풀 같이 자라고 악을 행하는 자들은 다 흥왕할지라도 영원히 멸망하리이다 여호와여 주는 영원토록 지존하시니이다.(시 92:5-8)

여호와는 크신 하나님이시요 모든 신들보다 크신 왕이시기 때문이로다 땅의 깊은 곳이 그의 손 안에 있으며 산들의 높은 곳도 그의 것이로다 바다도 그의 것이라 그가 만드셨고 육지도 그의 손이 지으셨도다 오라 우리가 굽혀 경배하며 우리를 지으신 여호와 앞에 무릎을 꿇자 그는 우리의 하나님이시요 우리는 그가 기르시는 백성이며 그의 손이 돌보시는 양이기 때문이라.(시 95:3-7)

시인이 고백하고 노래하는 것처럼, 하나님의 능력은 심히 크고 위대하다. 그리고 하나님이 행하신 위대한 일들은 인간의 역사에 분명하게 새겨져 있다. 그러므로 우리는 그것을 인정하지 않을 수 없다.

하나님이 행하신 작은 일들

그러나 하나님이 역사 가운데 행하신 일들에는 위대하고 큰 일만 있는 것은 아니다. 하나님은 작은 일들도 행하셨고 또 행하신다. 창조주 하나님이 지으신 이 세상에 존재하는 모든 것은 그분께 속한다. 그래서 그분은 그 모든 것을 돌보시고 다스리시며 큰 것뿐 아니라 작은 것 하나 하나에도 깊은 관심을 갖고 계신다. 그와 관련하여, 예수님은 이렇게 말씀하셨다. "공중의 새를 보라 심지도 않고 거두지도 않고 창고에 모아들이지도 아니하되 너희 하늘 아버지께서 기르시나니 너희는 이것들보다 귀하지 아니하냐…오늘 있다가 내일 아궁이에 던져지는 들풀도 하나님이 이렇게 입히시거든 하물며 너희일까 보냐"(마 6:26,

30). "참새 두 마리가 한 앗사리온에 팔리지 않느냐 그러나 너희 아버지께서 허락하지 아니하시면 그 하나도 땅에 떨어지지 아니하리라 너희에게는 머리털까지 다 세신 바 되었나니 두려워하지 말라 너희는 많은 참새보다 귀하니라"(마 10:29-31).

하나님은 별 볼일 없는 공중의 새도 기르시는 분이며, 하찮은 들풀도 입히시는 분이다. 하나님은 참새 한 마리가 죽고 사는 것과 같은 사소한 문제들도 결정하시며, 우리의 머리털까지 세시는 세심하신 분이다. 이처럼, 하나님은 큰 자의 하나님이시지만 동시에 작은 자의 하나님도 되신다. 하나님은 역사 가운데 위대한 일들을 행하셨고 또 행하시는 분이지만, 동시에 아주 작고 사소한 일들도 행하셨고 또 행하고 계시는 분이다. 하나님은 역사 속의 모든 일들을 다스리시는 분인 것이다.

우리 존재의 작음과 큼

다윗은 고난 중에 있을 때 시를 통해 자기의 심로를 이렇게 표현했다. "나는 벌레요 사람이 아니라 사람의 훼방거리요 백성의 조롱 거리니이다"(시 22:6). 여기서 다윗은 자신의 작음과 무능을 토로한다.

모세는 하나님이 이스라엘 백성을 애굽에서 해방시키시기 위해 자신을 보내시겠다고 말씀하셨을 때 다소 냉소적인 말투로 이렇게 대꾸했다. "내가 누구이기에 바로에게 가며 이스라엘 자손을 애굽에서 인도하여 내리이까"(출 3:11). 그 의미는 이것이다. "나 같은 인생이 어떻게 그런 일을 할 수 있다고 저에게 그런 일을 시키시는 겁니까? 번지수 잘못 찾으셨으니 딴 데 가서 알아보십시오." 다윗과 모세는 자신들이 아주 작고 보잘것없는 미미한 존재라고 말한다.

우리는 우리 자신에게서도 그와 같은 모습을 발견하곤 한다. 종종 또는 자주 우리는 우리 존재의 작음을 보게 된다. 사실 이 넓은 우주 공간에, 이 넓은 세상 속에 그리고 무수한 사람들 속에 서 있는 우리는 대부분 아주 작고 평범한 사람들이다. 그런 마음이 들 때, 우리는 대개 우리 자신에 대해 부정적인 태도를 취하게 된다. 그래서 우리는 가끔씩 복음성가의 가사에 우리의 심정을 담아 이렇게 노래한다. "주님 이 낮은 자를 통하여 어디에 쓰시려고 이렇게 초라한 모습으로 만들어 놓으셨나요."

그러나 하나님은 우리의 작음과 보잘것없음에 대한 그러한 우리의 생각을 거부하신다. 앞서 보았던 예수님이 하신 말씀처럼, 우리는 공중에 나는 새보다 귀하다. 예수님의 그 말씀은 인간은 참새보다 조금 더 귀한 존재라는 의미가 아니다. 인간은 하나님의 형상을 따라 지음 받은 그리고 하나님의 돌보심을 받고 살아가는 아주 귀한 존재라는 말씀이다. 비록 세상의 눈으로 볼 때 우리는 작게 여겨질지 몰라도, 하나님의 눈으로 볼 때 우리는 크고 귀한 존재라는 것이다. 그래서 하나님은 우리를 사랑하셔서 예수 그리스도를 보내주시고 그분을 통해 구원을 받고 하나님의 자녀가 될 수 있게 해주셨다.

하나님의 역사적 행위와 인간의 구원

역사 속에서 위대한 일들을 행하신 하나님은 동시에 작은 일들도 함께 행하셨다. 그 작은 일들 가운데에는 각 사람에게 찾아오셔서 행하신 일들이 있다. 그리고 그 일들의 중심에는 구원이 있다. 하나님의 역사적 행위의 목적은 이중적이다. 하나는 창조세계를 구속하는 것이고, 다른 하나는 인간을 죄에서 구원하여 자신의 다스림을 받으면서 하나님의 나라에서 영원히 살도록 하는 것이다.

하나님의 역사적 행위에서 한 인간의 구원은 부분적이면서 동시에 크고 위대한 일이다. 실제로, 우리 각자에게 이것보다 중요하고 귀한 일은 없다. 왜냐하면 우리의 구원이 없다면, 하나님의 위대한 일들은 우리 자신과는 무관한 것이 되며 우리에게 아무런 의미도 주지 못하기 때문이다. 예수님은 "사람이 만일 온 천하를 얻고도 제 목숨을 잃으면 무엇이 유익하리요 사람이 무엇을 주고 제 목숨을 바꾸겠느냐"(막 8:36-37)라고 말씀하셨다. 우리의 구원과 관련하여 이 말을 조금 바꿔 말하면, 다음과 같이 말할 수 있을 것이다. "사람이 구원을 받지 못한다면 하나님이 역사 가운데서 행하신 일들이 그에게 무슨 유익이 있으리요 사람이 그것보다 더 큰 관심을 가져야 할 것이 무엇이 있겠느냐?"

역사 속의 하나님의 위대한 행위와 우리의 구원이 함께 만날 때, 왕으로서의 하나님의 역사적 사역은 빛을 발하게 된다. 따라서 하나님의 위대한 일들이 우리와 상관이 있으려면, 우리는 하나님을 믿고 섬겨야 한다. 믿음으로 그분의 사역에 응답해야 하는 것이다.

왕의 사역과 우리의 삶

그러면 구체적으로 왕이신 하나님께 우리는 누구이며, 그분의 역사적 통치와 사역에 우리는 어떻게 응답하며 살아야 하는가? 앞서 살펴보았고 또한 이 책 전체를 통해 강조해온 것처럼, 우리는 하나님의 창조사역을 통해 지음을 받은 그분의 피조물이며 동시에 그분 앞에 죄를 지은 죄인들이다. 그리고 하나님이 인류를 구원하시기 위해 보내신 외아들 예수 그리스도를 믿는 믿음을 통해 구원을 받고 하나님의 자녀가 된다.

이런 점에서, 우리가 해야 할 일은 크게 세 가지로 나뉜다.

첫째, 우리는 하나님의 피조물이라는 사실과 함께 죄인들이라는 사실을 인정해야 한다. "모든 사람이 죄를 범하였으매 하나님의 영광에 이르지 못하더니"(롬 3:23). "그러므로 한 사람으로 말미암아 죄가 세상에 들어오고 죄로 말미암아 사망이 들어왔나니 이와 같이 모든 사람이 죄를 지었으므로 사망이 모든 사람에게 이르렀느니라"(롬 5:12).

둘째, 우리는 하나님의 아들 예수 그리스도를 통해 구원을 받고 영원한 생명을 얻게 된다는 사실을 인정하고, 예수 그리스도를 통해 하나님을 믿고 섬겨야 한다. "(모든 사람이) 그리스도 예수 안에 있는 속량으로 말미암아 하나님의 은혜로 값 없이 의롭다 하심을 얻은 자 되었느니라"(롬 3:24). "모든 사람에게 구원을 주시는 하나님의 은혜가 나타나 우리를 양육하시되 경건하지 않은 것과 이 세상 정욕을 다 버리고 신중함과 의로움과 경건함으로 이 세상에 살고 복스러운 소망과 우리의 크신 하나님 구주 예수 그리스도의 영광이 나타나심을 기다리게 하셨으니 그가 우리를 대신하여 자신을 주심은 모든 불법에서 우리를 속량하시고 우리를 깨끗하게 하사 선한 일에 열심히 하는 자기 백성이 되게 하려 하심이라"(딛 2:11-14; 또한 요 3:16-18을 보라).

셋째, 우리는 하나님과 관련하여 우리의 삶을 이해하고 왕의 사역에 참여하는 삶을 살아야 한다. "너희는 택하신 족속이요 왕 같은 제사장들이요 거룩한 나라요 그의 소유가 된 백성이니 이는 너희를 어두운데서 불러 내어 그의 기이한 빛에 들어가게 하신 이의 아름다운 덕을 선포하게 하려 하심이라"(벧전 2:9).

왕의 사역에 참여하는 삶은 무엇보다도 그분을 예배하는 삶에서부터 시작된다. 예배는 왕이신 하나님을 섬기는 삶의 출발점이다. 우리의 삶에 예배가 바르게 자리 잡혀야 그 외의 모든 것이 바른 위치를 잡을 수 있게 된다. 즉 예배를 바탕으로 하나님을 바르게 섬기는 삶을 살아갈 때, 우리는 "먹든지 마시든지 무엇을 하든지 다 하나님의 영광을 위하여"(고전 10:31) 하게 되며, 뿐만 아니라 모든 사람에게나 하나님의 교회에 거치는 자가 되지 않고 모든 사람을 기쁘게 하며 그들의 유익을 구하는 삶을 살아갈 수 있게 된다(32-33절). 하나님의 역사적 통치에 바르게 응답하는 삶을 살아갈 수 있게 된다. 교회 안에서도 그리고 교회 밖에서도 우리의 삶과 우리가 하는 모든 일을 통해 왕이신 하나님을 드러내며 살 수 있게 된다. 그것이 왕의 자녀들의 삶의 참된 모습이다.

하나님의 역사적 행위와 고통의 문제-그래도 하나님을 믿습니다

우리가 하나님의 역사적 행위를 말할 때 가장 크게 걸리는 문제 중 하나는 이 세상에 있는 고통의 문제이다. 흔히 사람들은 이렇게 묻곤 한다. "만일 하나님이 계시고 또한 역사를 주관하시는 분이라면, 왜 인간의 삶에는 그리고 이 세상에는 이토록 고통이 많이 있나요? 이 세상에 있는 고통은 하나님이 존재하지 않거나 존재하더라도 전능한 신이 아니라는 것을 반증해주는 증거가 아닌가요?"

아쉽게도, 우리는 이러한 물음들에 대한 정확한 답을 알지 못한다. 그래서 그렇게 묻는 사람들에게 속이 시원하게 답해주지 못한다. 우리는 하나님의 뜻과 의도를 완전하게 헤아리지 못하기 때문이다.

뿐만 아니라 왜 악한 자는 잘되고 착한 사람은 잘 안 되는지, 왜 의인은 고난이 많고 악인은 고난이 적은지, 정직하게 살려고 하는 사람들은 손해를 보고 온갖 종류의 부정과 편법을 사용하며 사는 사람들은 잘 되는지, 겉으로 볼 때 하나님을 성실히 섬기는 사람들은 힘들게 살아가고 하나님 없이 살아가는 사람들은 편하게 살아가는지를 잘 알지 못한다. 그래서 오래 전에 아삽이 느꼈던 것을 우리도 느끼게 된다. 아삽은 이렇게 읊었다.

> 하나님이 참으로 이스라엘 중 마음이 정결한 자에게 선을 행하시나 나는 거의 넘어질 뻔하였고 나의 걸음이 미끄러질 뻔하였으니 이는 내가 악인의 형통함을 보고 오만한 자를 질투하였음이로다 그들은 죽을 때에도 고통이 없고 그 힘이 강건하며 사람들이 당하는 고난이 그들에게는 없고 사람들이 당하는 재앙도 그들에게는 없나니 그러므로 교만이 그들의 목걸이요 강포가 그들의 옷이며 살찜으로 그들의 눈이 솟아나며 그들의 소득은 마음의 소원보다 많으며 그들은 능욕하며 악하게 말하며 높은 데서 거만하게 말하며 그들의 입은 하늘에 두고 그들의 혀는 땅에 두루 다니도다 그러므로 그의 백성이 이리로 돌아와서 잔에 가득한 물을 다 마시며 말하기를 하나님이 어찌 알랴 지존자에게 지식이 있으랴 하는도다 볼지어다 이들은 악인들이라도 항상 평안하고 재물은 더욱 불어나도다 내가 내 마음을 깨끗하게 하며 내 손을 씻어 무죄하다 한 것이 실로 헛되도다 나는 종일 재난을 당하며 아침마다 징벌을 받았도다.**(시 73:1-14)**

우리는 하나님이 역사의 주인이시며 인간의 역사 속에서 구원과 공의를 이루고 계신다는 것을 절대적으로 믿는다. 하지만 그런 믿음을 갖고 살아감에도 불구하고, 우리는 또한 우리 주변을 보면서 아삽의 말에 공감하지 않을 수 없다. 우리는 그런 상황을 접할 때 그 이유를 다 알지 못한다. 그러나 한 가지 분명하게 말할 수 있는 것은 예수님이 재림하시고 하나님이 심판하실 때 그분을 섬기지 않은 사람들은 모두 심판을 받고 벌을 받게 된다는 것이다.

비록 우리가 사는 세상에 고통이 있고 우리의 삶에 불행과 고난이 있다하더라도, 그것이 곧 하나님은 존재하지 않으신다는 것을 의미하는 것도, 또한 하나님은 우리에게 관심이 없으시다는 것을 의미하는 것도 아니다. 우리는 그 모든 상황 속에서도 하나님의 살아 계심과 신실하심 그리고 선하심을 믿는다. 그래서 우리는 아삽과 같이 이렇게 말할 수 있다.

> 주의 교훈으로 나를 인도하시고 후에는 영광으로 나를 영접하시리니 하늘에서는 주 외에 누가 내게 있으리요 땅에서는 주 밖에 나의 사모할 이 없나이다 내 육체와 마음은 쇠약하나 하나님은 내 마음의 반석이시요 영원한 분깃이시라 무릇 주를 멀리하는 자는 망하리니 음녀같이 주를 떠난 자를 주께서 다 멸하셨나이다 하나님께 가까이 함이 내게 복이라 내가 주 여호와를 나의 피난처로 삼아 주의 모든 행적을 전파하리이다.**(시 73:24-28)**

하나님은 역사의 주인이시다. 그리고 우리의 삶은 그 역사 안에 있다. 그래서 하나님의 구원의 역사가 완성이 될 때, 우리는 구원의 큰 기쁨을 실제적으로 영원히 누리게 될 것이다. 우리에게 믿음이 있다면 말이다. 따라서 중요한 것은 오늘 우리 자신의 태도이다. 우리가 우리의 삶을 그분께 맡기고 그분을 바르게 따라간다면, 하나님은 아삽이 말하는 것처럼 자신의 교훈으로 우리를 인도하시며 결국에는 그분의 영광 가운데 우리를 영접하실 것이다. 이 소망을 가지고 오늘도 충실히 믿음의 길을 가는 우리 모두가 되어야 하겠다.

* * *

비록 왕으로서의 하나님의 역사적 행위가 위대하고 놀라울지라도, 그것이 나에게 의미가 있으려면 나와 관계가 있어야 한다. 그런 이유로, 우리는 하나님을 믿어야 한다. 믿음은 하나님과 관계를 맺는 유일한 방법이기 때문이다(히 11:6). 하나님을 믿으면 하나님의 위대한 행위가 나와 관계가 있는 것이 된다. 하나님의 역사적 행위의 목표는 두 가지이다. 창조세계를 회복하시는 것과, 나와 당신을 포함한 모든 인간을 구원하시는 것이다. 그래서 비록 나의 삶이 하잘 것 없고 작다할지라도, 내가 하나님의 역사적 행위에 응답하여 그분을 믿을 때 나의 구원은 "위대한 사건"이 된다. 그리고 구원을 받은 나는 새롭게 될 하나님의 창조세계에서 하나님의 다스림을 받으며 사는 기쁨을 영원히 누리게 된다.

하나님의 역사적 행위를 말할 때 이 세상에 존재하는 모든 고통은 우리가 그것을 온전하게 받아들이는 데 걸림돌이 되기도 한다. 겉으로 보기에 그 둘은 서로 상반되기 때문이다. 하지만 참된 그리스도인들은 그 모든 모순과 이해하기 어려운 많은 일들에도 불구하고 하나님의 존재와 하나님의 역사를 믿는다. 뿐만 아니라 사도 바울처럼, "우리는 부분적으로 알고 부분적으로 예언하니 온전한 것이 올 때에는 부분적으로 하던 것이 폐하리라 내가 어렸을 때에는 말하는 것이 어린 아이와 같고 깨닫는 것이 어린 아이와 같고 생각하는 것이 어린 아이와 같다가 장성한 사람이 되어서는 어린 아이의 일을 버렸노라 우리가 지금은 거울로 보는 것 같이 희미하나 그 때에는 얼굴과 얼굴을 대하여 볼 것이요 지금은 내가 부분적으로 아나 그 때에는 주께서 나를 아신 것 같이 내가 온전히 알리라" (고전 13:9-12)라고 말하면서, 충실히 믿음의 길을 간다. 그것이 예수님의 제자들의 바른 삶의 태도이기 때문이다. 그것이 왕이신 하나님의 사역의 능력과 은혜를 입고 살아가는 그분의 백성의 참된 섬김의 모습이기 때문이다.

에필로그

우리의 삶이 불확실성에 직면하고, 그로 인해 우리의 삶에 희망보다 절망이 더 많다고 느껴질 때, 우리는 더욱 하나님의 역사적 활동을 느끼고 또 경험하고 싶어진다. 비록 우리의 느낌이나 경험이 하나님의 존재와 역사의 진위를 결정하는 것은 아니지만, 그럼에도 우리는 어려운 상황에 처할 때면 더욱 하나님에 대한 느껴지고 경험된 확실성을 갖고 싶어진다.

본래 이 탐구는 그런 마음에서 비롯되었다. 하나님의 계심과 역사 하심 그리고 그분의 신실하심에 대한 확고한 믿음을 갖고 살아가면서도 어느 순간 그리고 때때로 나 자신 또한 그런 확실성을 갖고 싶어질 때가 있다. 나 자신의 그런 믿음을 확인 받고 싶어질 때가 있다. 처음 이 글을 쓰기 시작할 때 마음 한 구석에 그런 바람이 있었다.

이 책에서 우리는 하나님의 말씀인 성서를 통해 역사 가운데서 하나님이 행하신 위대한 일들을 탐구해 왔다. 이 탐구에 대한 우리의 결론은 이것이다. 하나님은 진정 역사의 주이시며, 역사는 하나님의 자서전이라는 것이다. 그래서 비록 인간의 역사에는 우리의 지성으로 이해할 수 없는 일들이 많이 일어나고 있음에도 불구하고, 역사는 하나님의 섭리 안에 있는 그분의 활동의 장이라는 것을 확인해왔다. 그리고 하나님이 역사 속에서 행하신 위대한 일들을 확인해 보았다.

물론, 하나님의 역사적 행위는 성서에 기록되어 있는 일들보다 훨씬 더 많다. 하지만 성서는 그 위대한 일들 가운데 우리가 알고 또 이해할 필요가 있는 주요한 것들을 담고 있다. 그래서 우리가 성서를 통해 하나님의 위대한 일들을 살펴보면, 우리는 하나님이 행하신 일들의 성격과 유형을 알 수 있게 된다. 그리고 그런 이해는 우리로 하여금 인간의 역사가 안고 있는 많은 모순과 고통의 문제가 있음에도 하나님 안에 있는 인간의 역사를 긍정하게 하고 미래를 전망할 수 있도록 이끌어 준다.

필자는 이 작은 책이 독자가 그런 마음을 갖는데 조금이나마 도움이 되기를 바란다. 필자가 이 책의 정리된 원고를 다시 읽어가면서 수정하기를 모두 마친 후, 출판을 하기 전에 신학교 시절부터 현재까지 친밀한 관계를 맺어오고 있는, 현재 목회를 하고 있는 두 지인에게 이 책의 원고를 읽고 평을 해 달라고 요청했다. 이 책을 좀 더 낫게 만들고 또 출판하기 전에 독자의 견해를 미리 듣고 싶었기 때문이다. 그 분들은 목회사역으로 바쁜 중에도 필자의 요청을 거절하지 않고 이 책의 원고를 자세히 읽고 필자가 보지 못하고 넘어간 부분을 예리하게 지적을 하면서 좋은 평을 해 주었다. 덕분에 이 책이 좀더 나은 책으로 세상에 나올 수 있게 되었다.

다음은 그 두 분 중 한 목사님이 필자의 원고에 대한 평을 하면서 보내온 메일 내용 중 일부다.

> 왕의 사역. 왕이신 하나님이 역사를 창조하시고 그 역사 속에 우리 인간을 세우시고 청지기로, 파트너로 삼아 자신의 역사를 써가고 계신다. 읽다보니, 우리는 정거장 인생이라는 말이 생각나네. 하나님이 역사라는 차(또는 기차)를 운전해 가시고 우리를 거기에 태우신다. 그분이 운전하시니, 그분의 사역이라고 말할 수 있겠네.
>
> 처음 차고인 에덴동산에서 첫 승객으로 아담과 하와를 태우시고 출발하신 후 지금까지 운전해 오시면서 수많은 사람들을 태우셨시. 1960년이라는 정거장에서는 나와 다른 많은 사람들을 태우시고 자신의 목적지를 행해 운전해 가시네. 그리고 2000년대 어느 정거장에서 나를 내리게 하실 것이고. 그러나 그분은 내가 내렸지만 계속 자신의 목적지를 향해 운전해 가시겠지. 한번도 길에 퍼진 적이 없이 그리고 길이 막힌 적도 없이 지금까지 역사라는 차를 운전해 오셨지. 하나님 자신이 역사의 주인이신데도, 자신이 그 차의 주인이신데도, 그분은 손수 운전을 하시면서 우리를 친히 섬겨주시네. 우리의 이야기인 것 같으나, 실제로는 왕으로서의 그분의 주권이 숨어 있는 것이지.
>
> 하나님이 주권과 통치가 어떻게 이루어져 왔는지를 잘 표현하고

> 있네. 왕의 사역이니, 하나님의 나라, 하나님의 통치가 핵심이겠군. 하나님께서 이 역사를 통치하고 계신다…신학적이고 학문적인 책이면서 평이한 글로 일반 성도들도 가까이 할 수 있는 책이라고 여겨지네. 이 책은 성경 전체에 흐르는 역사 속의 하나님의 통치사상을 일목요연하게 정리해주고 있기에 이 책을 통해 우리는 하나님 나라의 통치 역사를 한 눈에 볼 수 있고 또 하나님의 역사 속에 우리가 있다는 것을 깨달을 수 있게 되네.

위의 평자는 필자가 이 책을 통해 의도했고 또 독자들에게 기대했던 것을 정확하게 간파하고 그 전체를 자신의 삶과 관련하여 이해해주었다. 이 책의 독자들도 현재 어떠한 삶의 상황에 놓여있든지 자신의 삶의 자리에서 하나님의 역사적 활동을 이해하고 그 활동에 근거하여 자신의 삶을 보면서 희망적으로 살아가면 좋겠다.

역사는 하나의 신비다. 더욱이 하나님의 신비다. 그래서 유한한 우리는 그 모든 신비를 다 알 수 없다. 우리가 하나님을 다 알 수 없는 것처럼 말이다. 하지만 우리는 하나님을 믿고 그분이 하시는 모든 일을 신뢰할 수 있다. 그분은 좋고 신실하신 분이기 때문이다(신 7:9). 그런 이유로, 비록 우리가 지금도 진행되고 있는 역사에 대해 그리고 역사 속에서 일어나고 있는 많은 일들에 대해 모든 것을 알 수는 없을지라도, 우리는 역사를 신뢰할 수 있다. 그 역사를 이끌어 가시는 역사의 주인공이신 하나님을 신뢰할 수 있기 때문이다.

결국에는 하나님이 자신의 자서전인 역사를 아름답게 완성하실 것이다. 그리고 우리에게 그 역사의 완성된 열매를 주시고 하나님 자신과 함께 영원히 살게 해 주실 것이다. 우리는 믿음으로 그것을 기대하고 또 바라본다. 그것이 바로 우리에게 희망이며, 우리의 희망은 언제나 왕이신 우리 하나님의 사역 안에 있는 희망이다. 그러므로 우리 모두 그런 기대와 바라봄 안에서 하나님의 희망을 가지고 우리의 인생길을 걸어가야 하겠다. 우리의 인생 여정을 모두 마칠 때까지 그렇게 해가야 하겠다. 그런 우리의 삶에 하나님의 은혜가 늘 충만하기를 위해 기도한다.